AF188498

Gion Chresta

Die Weisheit reifer Lebensführung

tredition

Gion Chresta

Die Weisheit reifer Lebensführung

7 Essenzen für eine erfüllende zweite Lebenshälfte

tredition

Dieser Text wurde nach der in der Schweiz gültigen Rechtschreibung geschrieben. Daher wurde auf die Verwendung des Eszetts verzichtet.

© 2019 Gion Chresta
Foto Umschlagrückseite: Susi Lindig

Verlag & Druck: tredition GmbH, Halenreie 40-44, 22359 Hamburg

ISBN
Paperback   ISBN 978-3-7497-7695-5
Hardcover   ISBN 978-3-7497-7696-2
E-Book   ISBN 978-3-7497-7697-9

Das Werk, einschließlich seiner Teile, ist urheberrechtlich geschützt. Jede Verwertung ist ohne Zustimmung des Verlages und des Autors unzulässig. Dies gilt insbesondere für die elektronische oder sonstige Vervielfältigung, Übersetzung, Verbreitung und öffentliche Zugänglichmachung.

Ich widme dieses Buch

meinen Eltern

Hans und Alice,

deren Liebe

mir ermöglichte,

meine ureigene Form

zu finden.

Inhalt

Persönliches Vorwort

Lebenszeit ist kostbar. So kostbar, dass ihr gebührt, sie in Liebe zu verbringen.

Das fällt uns manchmal schwer; wir vergessen die einfache Wahrheit und verfangen uns in Bindungen, verirren uns in Konzepten oder verlieren den Kontakt zu unserem Zentrum. Oft lassen wir uns dabei vom Ego leiten, was zu leidvollen Erfahrungen führt. Sie lehren uns, dass früher oder später aus jeder Handlung – selbst wenn sie im Verborgenen geschah – eine Reaktion der gleichen energetischen Qualität resultiert. Wir spüren dadurch das Wirken der Lebensgesetze am eigenen Leib und finden damit wieder auf den Weg der Liebe zurück – das Leben ist ein grosser Lehrer.

Viele von uns erfahren auf ihrem Lebensweg auch eine Umbruchzeit, die manchmal als «Krise der Lebens-Mitte» bezeichnet wird. Unsere Aktivitäten und vor allem deren Ausrichtung stehen plötzlich auf dem Prüfstand und werden hinterfragt: Erfüllen Sie mich mit Freude? Sind sie im Einklang mit meinen Werten? Worin liegt ihr Sinn? Und im Bewusstsein, bereits mindestens die halbe Wegstrecke zurückgelegt zu haben richtet sich der Blick nun auch auf das Ende des Weges: Sterben und Tod.

Das Unausweichliche und scheinbar Endgültige des Sterbens und des Todes kann uns allerdings Angst machen und davon abhalten, genauer auf sie zu schauen. Wie immer wir damit umgehen, am Ende unserer Lebenszeit werden in uns sehr intensive Prozesse ablaufen, die grosse psychische Veränderungen bewirken werden – auch der Tod ist ein grosser Lehrer.

Die Sterbevorgänge arbeiten zum Beispiel darauf hin, unsere tiefe Sehnsucht nach dem Lichtvollen zu erwecken, festgefahrene Gewohnheiten zu verändern, einseitige Ausrichtungen auszugleichen, das Ego abzubauen und anderes mehr. Wenn wir uns schon vor dem Sterben – mitten im Leben – mit diesen essenziellen menschlichen Entwicklungs-Prinzipien vertraut machen, können wir diese Weisheit für sinnvolle Lebensführung nutzen.

Sieben Essenzen verbinden sich zu diesem Buch, wie die sieben Spektralfarben des Regenbogens zum weissen Licht. Eine Essenz ist konzentrierter Gehalt. Sie stellt das Resultat eines intensiven Auswahl- und Verfeinerungsprozesses dar und kann sowohl in materiellen als auch in psychischen Prozessen gebildet werden. Es werden beispielsweise viele Blüten und unter Umständen etliche Prozessschritte benötigt, um eine duftende Essenz herzustellen. Wenn diese dann gewonnen ist genügt eine Winzigkeit davon für die Wirkung. Eine Essenz beinhaltet also Kraft. So ist dieses Buch keine Schnelllektüre, sondern spirituelle Kraftnahrung, zum Wesentlichen verdichtet. Man geniesst sie am besten in wohldosierten Portionen, die man immer wieder im Nachspüren und Nachdenken mit den eigenen Lebenserfahrungen in Verbindung bringt.

Auch intensives inneres Ringen kann Erkenntnis, kann essenzielle Klarheit hervorbringen. Und dergestalt zeigt sich das Wesen einer Essenz: sie ist einfach und klar. Ihre Einfachheit und Klarheit mag bei oberflächlicher Betrachtung zwar als Banalität interpretiert werden – Banalität und Essenz können sich äusserlich gleichen – doch der innere Gehalt ist um Dimensionen verschieden. Banalität entspricht einem Luftballon – hübsch verziert vielleicht, doch leer. Die Essenz entspricht einem Kristall – über lange Zeit gewachsen und voll von Substanz.

Essenzen haben auf mich schon immer eine grosse Anziehungs-kraft ausgeübt. In meiner Jugend interessierte ich mich für Chemie. Chemie erklärt die inneren Gesetzmässigkeiten der äusseren Mani-festationen. Als Gymnasiast führte ich chemische Experimente aus einem Chemie-Experimentierkasten in meinem Schlafzimmer durch – alles ging gut. Dann studierte ich Biochemie an der Eidgenössi-schen Technischen Hochschule in Zürich. Gegen Ende des Studi-ums wurde mir klar, dass ich nicht die nahe liegende Laufbahn ei-nes Forschers in einem Labor einschlagen wollte; Menschen faszi-nierten mich nun mehr als Moleküle.

Nach Abschluss des Studiums stellte ich mir deshalb ein eigenes Curriculum aus einigen längeren Ausbildungen und ziemlich vielen Weiterbildungen in den Methoden der eben aufblühenden Huma-nistischen Psychologie zusammen. Mit der Zeit und mit wachsender Erfahrung entwickelte sich daraus meine psychologische Kurs- und Beratungstätigkeit. Nun ging es um die «Chemie» zwischen Men-schen!

Einige Jahre später nahm meine Arbeit eine doppelte Wendung: aus dem sozialen beziehungsweise therapeutischen Bereich ins Wirtschaftsumfeld und zugleich vom Selbstständigen zum Mitarbei-ter eines Grossunternehmens. Meine neue Aufgabe beinhaltete in erster Linie Seminare, welche auf die Verbesserung der Zusammen-arbeit in Teams und des Führungsverhaltens ausgerichtet waren – «Chemie» zwischen Menschen im Geschäftsalltag.

In den verschiedenen Funktionen wie Management-Trainer, Per-sonalentwickler und Ausbildungsleiter, die ich nun über etliche Jahre in mehreren Unternehmen ausübte, wurden mir allmählich die Grenzen des Arbeitens an der zwischenmenschlichen Chemie bewusst. Verbesserung des Führungsverhaltens beispielsweise be-deutete, dass Führungspersonen veränderte Verhaltensweisen lernten, die sich wiederum auf das Verhalten der Mitarbeitenden auswirken sollten. Verschiedene Faktoren hemmten indes den Erfolg dieses Vorgehens. Einer davon war, dass in einem Unternehmen als einem hierarchischen System der Aspekt der Macht immer verzerrend mitspielte. Ein anderer war die Fokussierung auf äusseres Verhalten von Führungspersonen, selbst wenn Persönlichkeitstests mit einbezogen wurden.

Im Speziellen fiel mir der mangelnde Zuwachs an Persönlichkeits-Kompetenz der Führungskräfte auf. Sozialtechniken geschickter anzuwenden beziehungsweise neue zu lernen förderte keineswegs ihre Fähigkeit, mit sich selbst besser umzugehen oder gar sich selbst besser zu führen! Als ich dies erkannte, machte ich die vernachlässigte Kompetenz-Facette zu einem Schwerpunkt meiner Arbeit: Selbstführung, die Führung des «Unternehmens ‹Ich›», auch – und gerade – im Wirtschaftsumfeld.

Sich selbst führen heisst auch an sich selbst arbeiten, sich selbst verändern. Wie kann man sich selbst, wie kann man das Innere dieser Ganzheit, die wir sind, verändern? Man muss die inneren Gesetzmässigkeiten kennen, die «innerpsychische Chemie». Ich war also bei der Chemie geblieben.

Die inneren Gesetzmässigkeiten des Menschseins wurden schon seit jeher erforscht. Die spirituellen Traditionen bewahren diese Weisheiten bis heute. Allerdings lagert sich auch auf den grössten Erkenntnissen im Laufe der Jahrhunderte und Jahrtausende Staub ab, welcher die Weisheit schwerer erkennbar macht. Von da her ist es äusserst wichtig, dass immer wieder reine Lehrer die Schätze der Menschheit vom Staub der Unwissenheit, der Bequemlichkeit und des egoistischen Machtstrebens befreien, so dass wir wieder Zugang zum reinen und erquickenden Wasser des Lebens finden.

Ich hatte die Gnade, parallel zu meinen naturwissenschaftlichen, psychologischen und anderen Studien mehrere grosse Lehrer kennenlernen und von ihnen lernen zu dürfen. In der Tradition des Christentums aufgewachsen erhielt ich auf diese Weise Zugang zu weiteren grossen Traditionen. Den tiefsten Eindruck machte mir deren älteste, die Veden. Die heiligen Überlieferungen Indiens sind Tausende von Jahren alt. Ihre Weisheit wurde mir von zwei persönlichen Lehrern nahe gebracht: Elisabeth Haich und Sathya Sai Baba. Als Mentoren und Inspiratoren lehrten sie mich in persönlichen Begegnungen, in Büchern, in ihren Lehrreden und anderswie. Sie kannten alle Traditionen und respektierten sie, auch wenn sie die Veden lehrten. Sie waren – jeder zu seiner Zeit – Leuchtturm und Lotse meines Lebensschiffs und ich bin ihnen unendlich dankbar dafür. So konnte ich auch beim Schreiben dieses Buches auf ihre Weisheit zurückgreifen; sie ist in den Text «hineingewoben» und ich kann die Quelle deshalb nur in Ausnahmefällen namentlich erwähnen, zum Beispiel bei wörtlichen Zitaten.

Viele Jahre lang konnte ich die zwei grossen Stränge in meinem Leben – Angewandte Humanistische Psychologie für Führungskräfte und die Suche nach dem Selbst – nicht vereinen. Erst die Einsicht, dass Selbsterkenntnis und Selbstführung für gute Lebensführung sowohl im privaten als auch im beruflichen Alltag unabdingbar wichtig sind, führte sie zusammen. Daraus entstand mein erstes Buch: «Die 7 Lebens-Fragen – Anleitung zur Führung des Unternehmens ‹Ich›» (siehe Literaturverzeichnis). Es ist ein Lehrgang in Buchform, durch den man mit Hilfe der grundlegenden Fragen des Lebens den Weg nach innen, zum Selbst, gehen kann und aus dieser grösseren Bewusstheit sich selbst besser führen kann.

Wer «Die 7 Lebens-Fragen» kennt, wird beim Lesen und Anwenden der Inhalte dieses Buches merken, dass einerseits einzelne

Themen, die in «Die 7 Lebens-Fragen» eher am Rande wie mit dem Pinsel hingetupft erwähnt wurden, nun mehr in die Mitte gerückt sind und vertieft Raum einnehmen. Die beiden Bücher weisen also eine gewisse Verwandtschaft auf, auch wenn jedes auf seiner eigenen Grundlage steht und für sich alleine betrachtet werden kann. Andererseits wurden einige Themen in «Die 7 Lebens-Fragen» bereits so vertieft besprochen, dass ich sie nicht nochmals in ihrer ganzen Breite erläutere, sondern mir erlaube, in diesem Buch auf jenes hinzuweisen.

Mein Wunsch ist es, dass dieses Buch dir Landkarte und Wegzehrung ist, Inspiration und Trost, Stütze und Erfrischung, je nachdem, was du in der zweiten Hälfte deiner Lebensreise gerade brauchst.

1 Die Lebensphasen achten

Alles hat seine Zeit. Die Natur im Jahreslauf lebt es uns vor: Im Frühling drängt die geballte Vitalität nach aussen und will sich in vielfältigen Formen manifestieren. Im Sommer steht das Aufgeblühte in seiner ganzen Pracht da; erste Früchte zeigen sich und die Ausdehnung der Form erreicht ihren Höhepunkt.

Im Herbst wendet sich die Lebenskraft wieder nach innen; das Veräusserte verdichtet und verwandelt sich. Essenzen reifen. Im Winter zieht sich die Lebensenergie ins Innere zurück; Äusseres verwelkt und erkaltet.

Diese aufs Essenzielle reduzierte Darstellung einer Abfolge zeigt sich in der Natur in unendlich vielen Variationen. Darunter sind auch grössere Abweichungen vom Grundprinzip: Einige Pflanzen beispielsweise blühen bereits im Winter, selbst wenn Schnee liegt; manche Früchte erfreuen uns schon im Frühsommer oder auch erst im Spätherbst; einige Bäume halten ihre Blätter bis weit in den nächsten Frühling hinein fest; und so fort. Dennoch gibt es dieses kollektive Spüren, zum Beispiel «dass jetzt bald der Frühling kommt» oder «dass der Frühling jetzt da ist». Und trotz vielfältiger Variation kehren die gleichen Phasen in der gleichen Reihenfolge immer wieder und bilden damit **ein Prinzip, welches Beständigkeit und Veränderung vereint**.

So ist es auch im menschlichen Leben: Es verläuft in verschiedenen Phasen mit ihrem je eigenen Charakter, und diese Phasen erinnern an das Werden und Vergehen im Jahreslauf in der Natur. Daher liegt es nahe, die Jahreszeiten als Analogie für die verschiedenen Lebensphasen zu verwenden: die «Jahreszeiten des Lebens».

Im Frühling des Lebens, in der Kindheit und in der Jugend, steht das Aufbauen und Erkunden der Vitalkräfte im Vordergrund. Der Körper wächst heran, bis er die in ihm angelegte Grösse erreicht hat, die sexuelle Reife entwickelt sich und der individuelle Charakter jedes Menschen manifestiert sich immer prägnanter und wahrnehmbarer. Worin liegt die Bedeutung dieser Lebensphase? Wie in einem Traum lebt das Baby seine erste Zeit auf Erden. Es ist dem Jenseits, woher es kommt, noch sehr nahe, schläft und träumt fast die ganze Zeit. Erst allmählich öffnet es sich für diese Welt, behält aber längere Zeit sozusagen noch «einen Fuss» in der anderen. Wenn es dann als Kind in einem Elternhaus aufwachsen kann, welches ihm äussere und innere Sicherheit gewährt, kann es unter der Führung der Eltern schrittweise die Welt entdecken und auch immer wieder «nach Hause», in die äussere und innere Geborgenheit zurückkehren. Wenn es indes schnell erwachsen werden muss, kann dies seine innere Sicherheit schmälern, auch wenn die zur Schau getragene äussere «Selbstsicherheit» mancher Jugendlicher das oft überdeckt.

Im astrologischen Denken wird der Frühling des Lebens der Wesenskraft «Mond» zugeordnet. In der Definition von Thomas Ring (siehe Literaturverzeichnis), dem Meister der westlichen Astrologie, steht der Mond für **das Traumhafte**, also die Fantasie und Imagination, die Einfühlung, die Empfänglichkeit und Empfindsamkeit. Die Formbarkeit und Aufnahmebereitschaft des Menschen in dieser Lebensphase weist auf ihre Bedeutung, ihren Sinn hin: **Lernen**.

Der Frühling des Lebens ist die Zeit des Lernens, des Entdeckens. Als junger Mensch absolviert man die Grundschulen und macht seine Grundausbildung. Erste berufliche Weichen werden gestellt und man erkennt, dass man eine Richtung im Leben wählen muss. Zugleich hat man – bewusst oder unbewusst – grosse Träume, welche oft mit der äusseren Realität schwer in Einklang zu bringen sind. Ebenso muss man lernen, mit seinem Körper zurecht zu kommen sowie sich selbst als Persönlichkeit wahrzunehmen und nach aussen zu vertreten. Und all das in den ersten 20 Jahren!

20 Jahre? Wenn man den Lebensphasen nämlich Zahlen zuordnet, ergeben sich etwa 20 Jahre als Dauer einer Phase. Somit umfasst

- der Frühling des Lebens die Jahre 0 – 20,
- der Sommer des Lebens die Jahre 20 – 40,
- der Herbst des Lebens die Jahre 40 – 60,
- der Winter des Lebens die Jahre 60 – 80.

In manchen regt sich da sogleich Widerspruch: Ich bin 45 Jahre jung und fühle mich gar nicht im «Herbst»! Oder: Was ist, wenn jemand 90 oder 100 Jahre alt wird, oder jung stirbt?

Von der Ausprägung, der zeitlichen «Länge» einzelner Lebens-Jahreszeiten in Relation zu den anderen soll später die Rede sein. Was die absoluten Zahlen betrifft, so wissen wir, dass die durchschnittliche Lebenserwartung von Männern und Frauen in den westlichen Industrienationen bei über 80 Jahren, in vielen anderen Ländern tiefer, teilweise sogar viel tiefer liegt. Auf die Dauer einer einzelnen «Jahreszeit» wirkt sich das jedoch nicht so sehr aus. Daher ist die 20-Jahre-Phase vermutlich eine brauchbare ungefähre Zeitspanne, die auch als Richtlinie für eigene Berechnungen dienen kann. Wenn ein Mensch allerdings weit vor dem Erreichen der durchschnittlichen Lebenserwartung, zum Beispiel schon als junger Erwachsener oder gar als Kind stirbt, dann steht sein individuelles Schicksal im Vordergrund. Es war ihm nicht vergönnt, alle Jahreszeiten des Lebens zu durchlaufen – die Seele hatte einen anderen Plan.

Der Sommer des Lebens, der erste Teil des Erwachsenenalters, ist die persönliche Blütezeit. Der Körper ist ausgewachsen und leistungsfähig und eine erste Richtung im Leben wurde gefunden. Ein Grossteil der Kräfte fliesst nun in die berufliche Verwirklichung: man will sich beweisen und sich im Wettkampf mit anderen profilieren, man strebt nach Ehre und Geltung. Beherzt setzt man auf die Stärken des eigenen Charakters, der eigenen Persönlichkeit.

Auch in Bezug auf die Wohnsituation etabliert man sich, und manche gründen eine Familie. Der Bereich der persönlichen und beruflichen Verantwortung vergrössert sich und kann zum Beispiel zusätzlich zum Sorgen für die Familie das Leiten einer kleineren oder grösseren Gruppe im Berufsumfeld umfassen. Es wird möglich, aus seiner Lebens- und Berufserfahrung Wissen an andere weiterzugeben und Anerkennung dafür zu erhalten.

Zugleich erlebt man oder erhält von anderen aufgezeigt, dass das eigene Kompetenzportfolio Lücken aufweist: Im Beruflichen muss man sich neues Fachwissen aneignen und es können sich durch einen Rollenwechsel wie beispielsweise eine Beförderung neue Lernbereiche öffnen. Im Privaten, in der Familie und im Freundeskreis ergeben sich immer wieder Beziehungskonstellationen, welche wunde Punkte im Umgang mit anderen und mit sich selbst offenlegen, und man muss sich diesen stellen. In allen vier Kompetenz-Bereichen (Fach-, Rollen-, Sozial- und Persönlichkeits-Kompetenz; siehe «Die 7 Lebens-Fragen», S. 97 ff.) ist man somit herausgefordert, weiterzulernen.

Gerade Menschen, welche beruflich rasch Erfolg erlangen, indem sie in kurzer Zeit in hohe Positionen aufsteigen beziehungsweise schnell viel Geld verdienen, haben aber oft Mühe damit, Kompetenzlücken, zum Beispiel im Bereich der Sozial- und Persönlichkeits-Kompetenz, einzugestehen. Sie suchen dann vielleicht nach einem Ausweg, der ihnen eigene Veränderung ersparen soll, indem sie sich mit Hilfe ihrer Machtposition im betreffenden System oder mit ihren Ressourcen eine äussere «Lösung» erkaufen. Diese kann beinhalten, Menschen, mit denen sie Schwierigkeiten haben, zu kündigen, Unternehmenseinheiten umzustrukturieren, sich mit Jasagern zu umgeben, Anwälte einzuschalten und anderes mehr. Dies «rettet» sie davor, sich der Problematik in ihrem Inneren zu stellen und ihre eigenen Anteile an ihren Konflikten zu klären.

Allerdings kann man sich höchstens eine Zeit lang dem Weiterlernen verschliessen. Die Konflikte und Konfrontationen, die im Alltag jedes Menschen stattfinden, regen die ungelösten Spannungen in seiner psychischen Konstellation immer wieder von neuem an und setzen innere Prozesse in Gang. Dadurch können festgefügte Ansichten und auch Verhaltensweisen langsam in Fluss kommen, sich verändern und in einer neuen Form wieder auskristallisieren.

In der Astrologie steht für den Sommer des Lebens die Wesenskraft «Sonne». Thomas Ring nennt das Sonnenprinzip **das Lebensschöpferische**. Es entspricht dem Willen, aus sich selbst heraus schöpferisch zu gestalten. Der Sommer des Lebens ist somit die **Zeit des Leistens**. Man will Grosses leisten, etwas erschaffen und auch verantworten, aus seinem Zentrum heraus, aus der Kraft des Herzens. Man setzt sich Ziele, die man unbedingt verwirklichen will; man will siegen.

Wie schon im Frühling besteht auch im Sommer die Gefahr des Übertreibens. Der junge Mensch kann sich in die Traumwelt flüchten und versuchen, darin zu verweilen; der erwachsene Mensch kann sich in übermässiges Schaffen flüchten bis zum Ausbrennen, oder in Hochmut und Willkür, was mit Nicht-Wahrnehmen von Verantwortung gleichzusetzen ist. Wer das Sonnenprinzip nur als Expansion lebt, läuft grosse Gefahr, seine Mitte zu verlieren. Er schaut nur nach aussen, auf neue Gelegenheiten, Märkte, Partner, und vergisst sein Zentrum. Er gerät aus dem Gleichgewicht.

Die Sonne strahlt aus der Kraft ihrer Mitte. Ein Mensch lebt das Sonnenprinzip, wenn er zu seinem Herzen findet und aus der Wärme des Herzens mit dem Licht der Liebe seine Aktivitäten durchstrahlt.

Der Herbst des Lebens dient der Verinnerlichung, selbst wenn man noch mitten in einem aktiven Leben steht. Wer sich ihr verweigert, wird über den Umweg der «Krise der Lebens-Mitte» zu ihr geleitet.

Der Körper hat schon vieles erlebt und erdulden müssen; nun treten gesundheitliche Probleme häufiger auf und können Einschränkungen bewirken oder das Verändern von Gewohnheiten erfordern. Ruhepausen werden wichtiger. Dies erstaunt und verärgert manche, die sich gewohnt waren, dass ihr Organismus einfach widerspruchslos funktioniert. Doch anders als bei einem Gerät oder Fahrzeug, welches man entweder mit Bedauern oder mit Erleichterung entsorgt, will man natürlich nicht, dass der eigene Körper bereits «zum alten Eisen gehört»...

Tatsache ist, dass die zur Verfügung stehende Energie schon seit längerem abnimmt. Die chinesische Gesundheitslehre zum Beispiel sieht das Vitalitätsmaximum des menschlichen Organismus' im Alter von 19 Jahren! Das Problem wandelt sich indes zur Chance: Man möchte vielleicht gerne noch einige frühlingshafte Träume verwirklichen und hochsommerliche Leistungen vollbringen, doch die herbstlichen Einschränkungen führen einen dahin, mehr das Essenzielle zu suchen: «Worum geht es denn überhaupt bei .....?»

Ein Beispiel dafür ist die Ehe, die tiefe Verbindung zweier Menschen. Wenn das Ehepaar Kinder hatte, sind diese nun vermutlich erwachsen, wohnen nicht mehr bei den Eltern und haben vielleicht selbst schon Kinder. So ist das Paar, das sich lange als «Eltern» definiert hatte, wieder viel stärker mit dem Paar-Aspekt ihrer Beziehung konfrontiert und dem Wofür?, Wohin? und Wie?, also dem Grundsätzlichen. Selbst wenn die Grosseltern-Enkel-Beziehung einen gewissen Teil ihrer Zeit ausfüllt – die Fragen steigen dennoch an die Oberfläche.

Und nicht nur die Beziehung zu anderen, auch die Beziehung zu sich selbst – die Beziehung zum Selbst – wird wichtig. Mancher mag ein Leben lang aussenorientiert gelebt haben, doch spätestens im Herbst seines Lebens wird er daran erinnert, auch nach innen zu schauen, den Dingen auf den Grund zu gehen, sich dem Sinn seines Lebens zuzuwenden. Die Lebens-Fragen – in der ersten Lebenshälfte Wahlfächer – werden Pflicht und pochen darauf, ernst genommen zu werden.

In der Natur haben sich die letzten Blüten in Früchte verwandelt und Samen für weitere Lebenszyklen gebildet. Sie haben sich verwandelt, doch nicht nur das: ihre Veränderung ist – zum Beispiel aus Sicht des Menschen, der einen Apfel isst –, eine Verwandlung zu Höherwertigem (ein reifer Apfel ist nahrhafter und angenehmer zu essen als Apfelblüten oder unreife Äpfel). Auch wir wandeln uns auf unserem Weg durch die Jahreszeiten unseres Lebens und diese Transformation umfasst unser ganzes Wesen: Wir verhalten uns nicht nur anders, wir denken nicht nur anders, wir **werden** anders – äusserlich **und** innerlich. Nicht alle machen da freudig mit, hat man doch seine Lebens-, seine Denk-Form gefunden und möchte nur ungern um-lernen. Doch unser Entwicklungsprozess ist zwingend; dazu sind wir inkarniert. Wir haben höchstens einen gewissen Freiraum in Bezug auf die Intensitätsstufe von Leiden, ab welcher wir bewusst in den inneren Prozess einsteigen.

Manchen liegt die äussere Aktion mehr als die innere Reflexion: Sie wandern aus oder überqueren den Atlantik in einem kleinen Segelboot oder stellen sich einer anderen grossen Herausforderung. Es ist der Versuch, mit äusserer Veränderung innere zu vollziehen. Das kann gelingen, und ein Umdenken, eine veränderte Werte-Orientierung, eine vertiefte Klarheit über das Wesentliche im Leben kann daraus entstehen. Wenn sich der Versuch hingegen im krampfhaften Suchen nach mehr Jugendlichkeit, mehr Genuss und ähnlichem erschöpft, mangelt es an innerem Feuer für den Transformationsprozess.

Oft geben die aktuellen Lebensumstände mit ihren kleinen und grösseren Schwierigkeiten den Anstoss für den persönlichen Entwicklungsprozess. Wer jedoch die kleinen Einladungen und Hinweise des Schicksals ablehnt und daher entsprechende Veränderungen nicht vornimmt, dem schenkt das LEBEN dann zu seiner Zeit etwas grösseres Leiden – solcherart, dass man ihm nicht mehr ausweichen kann. Dann läuft der für die Entwicklung notwendige Prozess mit mehr Druck und etwas höherer Temperatur.

Eine hohe Anforderung an den Entwicklungsprozess liegt darin, die gute Richtung zu finden. Nicht alle haben die Gnade, aus einer unverfälschten spirituellen Tradition entweder die für alle Menschen sinnvolle Richtung erklärt oder in persönlicher Schulung Hilfe für das Bearbeiten ihrer spezifischen Entwicklungsthematik vermittelt zu erhalten. Ohne spirituelle Ausrichtung und ohne einen Lebenslehrer / eine Lebenslehrerin wählen manche Menschen einen negativen Weg: Sie gehen in eine angstvolle oder verbitterte Isolation oder stürzen sich in ein überaktives Nachholen-Wollen von scheinbar Verpasstem oder klammern sich an den Konsum von Genussmitteln oder anderes mehr.

Die gute Entwicklungsrichtung im Herbst des Lebens aber ist: **Demut**. Demut bedeutet, das Leben anzunehmen, wie es ist; zu wissen, dass es einen Sinn hat, so wie es ist, auch wenn der Sinn vielleicht noch nicht erkannt wurde. Demut ist nicht passives Erdulden, sondern sich berühren zu lassen, von dem, was man wahrnimmt und sich in seiner Reaktion darauf von den menschlichen Grund-Werten Wahrheit, Rechtschaffenheit, Frieden, Gewaltlosigkeit und Liebe leiten zu lassen (siehe «Die 7 Lebens-Fragen», S. 118 – 119).

In der astrologischen Symbolik wird der Herbst des Lebens mit der Wesenskraft «Jupiter» assoziiert, nach Thomas Ring **das Sinngebende**. Aus der Fülle der leid- und freudevollen Erfahrungen reifen in uns die Früchte des Erkennens. Sie gedeihen am besten in einer demutsvollen Ausrichtung. Dies führt uns auch zur Beschäftigung mit ethischen, religiösen, spirituellen Themen. Die Sinn-Frage rückt immer mehr ins Zentrum und stellt sich in verschiedenster Form: Wozu lebe ich? Was ist der tiefere Sinn dieser (negativen) Situation? Worum geht es wirklich in meiner beruflichen Tätigkeit? Was ist der Sinn meines Lebens? Was ist mein Bezug zum Göttlichen?

Mit Hilfe solcher Fragen kann sich die Lebensenergie nun stärker nach innen wenden. Die Lust, sich mit Konkurrenten im beruflichen Umfeld zu messen, versiegt; Expansion ist nicht das Thema, Qualitätsverbesserung schon eher. Wer sich auf seinem beruflichen Weg in ein Gebiet vertieft eingearbeitet hatte, ist da längst Experte / Expertin geworden und kann mit heiterer Gelassenheit aus dem Erfahrungsschatz schöpfen und Jüngeren wichtige Wege zeigen.

Die Entwicklung eines Menschen nimmt einen sinnvollen Lauf, wenn sich das Feuer der Leidenschaft, welches früher nach aussen loderte, nun immer mehr in die Wärme des Herzens wandelt. Gross ist der innere Reichtum des gereiften Menschen. Wie viel hat er zu geben! Er kann vielleicht wie Grosseltern mit ihren Enkeln nicht mehr ganz Schritt halten, doch den nächsten Generationen aus seiner Ruhe und Geduld einen inneren Halt bieten und ihnen aus seiner Fülle Wesentliches schenken.

Im Winter des Lebens, im höheren und hohen Alter, lässt der Ausdruck der Vitalität stark nach und die Lebensenergie zieht sich ins Innere zurück. Langsam verwelkt der Körper. Sinnlichkeit zu pflegen, zum Beispiel als Sexualität, macht keinen Sinn mehr; wer sich trotzdem darauf fokussiert, ist vergleichbar mit jemandem, der, wenn im Winter der erste Schnee fällt, sich einredet, es sei noch Sommer. Der Sommer ist vorbei – nicht aber die Entwicklungsmöglichkeiten.

Der Weg führt ins Innere. Es ist der spirituelle Weg, der Weg, die Wahrheit des LEBENS zu finden. Manche, die sich gewohnt waren, sich vor allem an Äusserem zu orientieren, erleben dies als ungewohnt, verwirrend, vielleicht beängstigend. Dabei ist da eigentlich kein Grund zur Beunruhigung, denn wir wohnen schon immer im Inneren; nur unsere Aufmerksamkeit schweifte so oft nach aussen. Natürlich gab es Gründe dafür:

-    Wir mussten lernen, uns in der Welt zurechtzufinden,
-    unsere Ausbildungen sind vorwiegend aussen-orientiert, zum Beispiel das Gebiet der Wissenschaften, welche die materielle Welt erforschen,
-    heutige Kunst und Kultur ist ebenfalls aussen-orientiert – auf Effekt angelegt,
-    es gibt wenige gute Lehrer/innen für die Innenschau.

Zudem ist es so, dass sich im Laufe unseres Lebens vieles an-sammelt, an das wir uns gebunden haben und woran wir noch ge-bunden sind. Viele Menschen haben – real und im übertragenen Sinne – ihren Dachboden und ihren Keller mit nützlichen aber auch unnützen Dingen angefüllt. Ein buntes Durcheinander, dessen Un-übersichtlichkeit viele die Türen dieser Räume geschlossen halten lässt. In den inneren Rumpelkammern lagern beispielsweise uner-füllte Sehnsüchte, freude- und leidvolle Erlebnisse, traurige Erinne-rungen, mit Gründen etikettierte Abneigungen, Momente voller Glück, alte Frustrationen, Ängste, denen man nicht ins Auge zu sehen wagte, geheime Träume, nährende Begegnungen, schlecht ausgeheilte Verletzungen und vieles mehr. Einiges davon gehört wohl in die innere «Schatztruhe», anderes könnte man getrost dem inneren «Abfalleimer» anvertrauen.

Spätestens im Herbst des Lebens sollte man seine Rumpelkam-mern durchforsten, sich mit dem Inhalt auseinandersetzen und den Dingen ihren Platz zuweisen – eben in der «Schatztruhe» oder im «Abfalleimer». Man wird sich hierauf aufgeräumt und erleichtert fühlen. Im Winter des Lebens jedoch fehlt die Kraft für gründliche Aufräumaktionen, obschon einzelne Klärungen selbst in Todesnähe noch möglich sind. Was ist jetzt wichtig? Ein Mensch im Winter seines Lebens darf zur Ruhe kommen. Er sieht beide Seiten der Münze und kann den Druck, dieses und jenes zu «müssen» loslas-sen. Seine im Laufe des Lebens erworbenen inneren Schätze wie Abgeklärtheit, Lebensweisheit, Gelassenheit, innere Ruhe, Liebe, inneres Strahlen stellt er seinem Umfeld, Menschen und Tieren zur Verfügung, denn er weiss, dass innere Schätze nicht kleiner werden, wenn man sie weitergibt.

Zwar kann nicht jeder auf einem Gebiet – sei es die Kunst, die Psyche, die Wissenschaft – Meister werden, aber jeder kann, wenn er dranbleibt, einzelne Aspekte von Lebensweisheit finden und pflegen.

Die Ernte ist eingefahren,

die Tage werden kürzer

und drinnen ist Licht.

Die Astrologie erkennt im Winter des Lebens die Wesenskraft «Saturn», von Thomas Ring als **das Grenzsetzende** bezeichnet. Der Lebensschwung wird immer mehr gebremst, die Bewegungen verlangsamt, man muss sich gedulden beziehungsweise Geduld lernen. Früher schienen einem die Türen offen zu stehen und so vieles schien machbar – nun wirken viele Türen verschlossen und das Schicksal sagt häufig «nein». Man muss sich konzentrieren, dass einem Sachen nicht aus der Hand fallen; dennoch entfällt einem so manches, zum Beispiel Namen aus dem Gedächtnis. **Loslassen** wird geübt, ob man es will oder nicht.

Irgendwann muss man auch die weite Welt, das Reisen und die Ausflüge loslassen, ebenso Freunde und Bekannte, die Vielfalt der Eindrücke durch die (äusseren) Sinne, das gute Funktionieren des Körpers. Das ist nur so lange schlimm, als das Ego sich wehrt. Dessen festgefügter Verteidigungswall wird jedoch immer brüchiger und der innere Weg führt in die Richtung des Wesentlichen, des Positiven, des unerschütterlichen Gleichmuts.

Wenn dich zum Beispiel negative Erinnerungen bedrängen, lass sie sich manifestieren, aber lass sie dich nicht dominieren. Lass sie keine Assoziationsketten mit negativen Gefühlen in Gang setzen, sondern **umhülle sie mit Dankbarkeit**. Dankbarkeit, dass sie ein Teil deines Lernweges waren und dass du das Bestmögliche daraus gemacht hast. Dann lass sie wieder los.

Wenn die Widrigkeiten des Alltags dich plagen, gehe ebenso vor: Nimm sie wahr; nimm auch die begleitenden Gefühle wie Angst, Schmerz, Ärger, Frustration und so weiter wahr; dann entspann dich und lass alles zusammen los. Wenn dir das – nachdem du es wirklich versucht hast – zu schwierig scheint, schaffe mindestens eine Isolationsschicht zwischen dem Ich und dem Unangenehmen. Setze so auch dem Neid auf die Kompetenz und die Möglichkeiten der Jüngeren, der Schadenfreude, dass man's heute auch nicht besser kann, der Resignation eine Grenze. Lebe im Jetzt. Freue dich an dem, was harmonisch und schön ist. Gestatte dem inneren Strahlen, deine Persönlichkeit zu erhellen.

Doch welchen Sinn soll das haben? Das Leben ist doch ohnehin bald zu Ende. – Wirklich? Das Leben ist **nicht** zu Ende; das LEBEN geht weiter! Nach dem Winter kommt der Frühling! Auch als alter Mensch hat man daher eine Zukunft, auf die man sich vorbereiten, auf die man hinarbeiten kann. Deshalb ist die positive Ausrichtung so wichtig. Was man in früheren Jahreszeiten des Lebens vielleicht als eine Option unter mehreren betrachtete, das positive Denken, ist nun zur Notwendigkeit, zum täglichen Brot geworden. Und diese Disziplin hilft einem auch für den Sterbeprozess und die Zeit danach, denn der Tod löscht nicht einfach alles aus. Pflege daher liebevolle und freundliche Gedanken, suche das Schöne und Nährende, finde die Liebe in deinem Herzen. Natürlich fällt einem das einfacher, wenn man es schon früher, am besten schon im Frühling des Lebens geübt hat. Doch gerade im Winter des Lebens, wo die äusserlichen Wege schwieriger werden können, ist das ein gut gangbarer, weil innerlicher Weg.

Manche kennen das von vielen Künstlern gestaltete Bild der «Lebenstreppe», die Darstellung des Lebens als eine auf- und absteigende Treppe. Pro Dekade steigt der Mensch eine Stufe hinauf bis zum Alter von 50 Jahren, dann in Dekadenstufen wieder hinunter. Die Stufen-Analogie ist einleuchtend und die Botschaft einfach: In der ersten Lebenshälfte geht's immer besser, in der zweiten wird's schlimmer. Doch stimmt das?

Die Darstellung verleitet uns zum Beispiel dazu, zu meinen, unsere körperlich-energetische Leistungsfähigkeit nähme bis zur Lebens-Mitte kontinuierlich zu und erst dann wieder ab, oder unsere intellektuellen Fähigkeiten folgten dem gleichen Muster. Könnte das vielleicht mit ein Grund sein, dass Männer «im besten Alter» meinen, sie müssten unbedingt ihre Energie noch in sexuelle Eroberungen leiten, oder dass die Kompetenz von über 45-, 50-jährigen Arbeitnehmern vielerorts abgewertet wird?

Jedem Spitzensportler ist bekannt, dass er für die Zeit nach Dreissig vorsorgen muss und jeder junge Handwerker weiss um den Erfahrungsschatz älterer Kollegen. Von da her ist das simple Auf und Ab-Bild irreführend, denn es berücksichtigt die innere Entwicklung, die «innere Alchemie» nicht. Die Metapher der Jahreszeiten hingegen trägt in sich das Thema der stetigen Weiterentwicklung, auch in der zweiten Lebenshälfte.

Die Ausprägung der einzelnen Lebens-Jahreszeiten – ihre zeitliche «Länge» im Vergleich zu den anderen – kann sich allerdings äusserst unterschiedlich gestalten: In manchen Ländern werden Kinder früh entweder in den Arbeitsprozess eingespannt oder in stark leistungsbetontes Lernen eingebunden – beides an sich «Sommer»-Themen. Ihre Zeit des spielerischen Entdeckens und Lernens, das absichtslose Sich-Freuen am «Frühling» wird verkürzt; sie müssen schnell «erwachsen» werden.

Auf der anderen Seite: die alten Menschen. Man beachtet sie kaum im hektischen Alltag einer Stadt. Sie wirken statisch in der pulsierenden Dynamik des Eilens und der Effizienz-Orientierung und man weiss sie lieber in den entsprechenden «Oasen» für alte Menschen. Viele von ihnen fühlen sich dort auch wohler und sicherer. Der «Winter» scheint in der Gesellschaft eher als Störung empfunden zu werden.

Neben diesem Ausblenden des Winters und dem Verkürzen des Frühlings zeigt sich ein weiteres Phänomen: die Tendenz, den «Sommer» auf Kosten des «Herbstes» und womöglich sogar des «Winters» zu verlängern. Man steigert beispielsweise im Herbst die Intensität des Ausübens einer bereits betriebenen Sportart – «jetzt habe ich die Zeit dafür!» – oder fügt gar noch eine weitere hinzu. Statt etwas mehr Ruhe zu pflegen bleibt man dem sommerlichen Leistungsdenken verpflichtet. Dahinter steht Angst, zum Beispiel die Angst, den Niedergang der Kräfte nicht aufhalten zu können. Doch wie schon in der Darstellung des Herbstes besprochen: das Thema hat sich geändert, von Expansion zu Transformation, zu innerlicher Wandlung. Sie gestaltet sich einfacher, wenn dem Ego keine Spielwiese mehr zur Verfügung gestellt wird, wenn Aspekte des Dienens gefördert werden, wenn Sinnfragen ernst genommen werden.

Wie in der Natur geschieht der Übergang von einer Jahreszeit zur nächsten in der Regel fast unmerklich. Wir wachsen ins Nächste hinein und oft merken wir gar nicht, dass wir einen Fuss schon drin haben. Erst wenn sich unsere Gewichtung, unser Schwerpunkt verschiebt, werden wir uns dessen gewahr. Der anspruchsvollste Übergang scheint derjenige vom Sommer in den Herbst zu sein. Unser Ego will nicht wahrhaben, dass wir zum Beispiel weniger Anerkennung erhalten, weniger Geld oder Macht zur Verfügung haben. Das Sich-Klammern an Äusserliches schädigt jedoch das innere Gleichgewicht. Die Balance kehrt dann zurück, wenn wir die nächste, wenn wir jede Lebensphase ernst nehmen, wenn wir

mit ihr gehen, wenn wir sie achten. Dazu müssen wir sowohl uns einlassen als auch loslassen.

Fragen zur Reflexion und Integration:
- In welcher Lebens-«Jahreszeit» bin ich? Weshalb schätze ich das so ein?
- Was ist für mich in dieser Jahreszeit meines Lebens wesentlich?
- Welche Aufgaben sind in dieser Jahreszeit zu lösen? Wo stehe ich in Bezug auf sie?

2 Das Ego erkennen und abbauen

Mit unseren inneren Kräften steuern wir unser Leben. Oder ist es eher so, dass unser Leben ohne dass wir uns dessen bewusst sind von den inneren Kräften gesteuert wird?

Eine der inneren Kräfte ist die Gedankenkraft. Zu ihren Aktivitäten gehören analysieren, logische Schlussfolgerungen ziehen, planen und anderes mehr. Wir beobachten beispielsweise das Wetter und entscheiden dann, auch mit Hilfe gespeicherter Erfahrungswerte, wie wir uns kleiden. Oder wir beschäftigen uns mit umfassenderen Themen wie der Frage einer beruflichen Veränderung, indem wir dazu Informationen sammeln und einordnen, gedankliche Szenarien durchspielen, klären und Urteile fällen.

Die Gedankenkraft, der Verstand, ist also ein Instrument, das wir in unserer Lebensführung nach Belieben einsetzen können. Die Ego-Kraft jedoch, das Ego, hat ein aktiveres Eigenleben als der Verstand. Wie zeigt sich das Ego im Alltag? Wir drängen uns vor, um einen besseren Platz zu ergattern, selbst wenn wir das zunächst gar nicht so geplant hatten; wir schauen auf andere herab, die wir als weniger gescheit oder kultiviert betrachten; wir blasen giftigen Rauch in die Luft oder füllen die Stille mit Lärm; wir fühlen uns in unserer «Freiheit» eingeschränkt, wenn wir warten müssen und wehren uns dagegen; und so fort.

Das Ego schaut für sich, nur für sich. Es will bestimmen, es will herrschen. Wie alle (egoistischen) Herrscher setzt es seine eigenen Wünsche über alles. Dementsprechend gross sind allerdings auch seine Ängste, seine Macht zu verlieren, sowie seine Zweifel und sein Misstrauen anderen Menschen gegenüber. Ein weitgehend vom Ego geführter Mensch wird als überheblich erlebt – zu Recht. Wer sich über andere stellt, sei es aus Machtstreben, aus Angst oder Gier, entfernt sich aus der Wahrheit, dass alle Menschen Brüder und Schwestern unter der Vaterschaft Gottes sind. Er glaubt, «mehr» zu sein.

Das Ego gebraucht beziehungsweise missbraucht Situationen und Konstellationen zu seinem Vorteil. Seine Wünsche sind zahllos und gross. So benutzt es unter anderem die Triebe, die Kräfte, die aus unserem tierischen Erbe stammen und für das Erhalten des Lebens notwendig sind, für seine Zwecke. Sie lassen sich bereitwillig dafür einspannen, denn in ihrer Gier fühlen sie sich ihm verwandt. Das Ego gibt sich jedoch nicht mit den notwendigen Dingen des Lebens wie Essen, Trinken und Kleidung zufrieden. Es will nicht nur haben, es will mehr haben: grössere und wertvollere Dinge, Geld, mehr Geld, Macht über Menschen und weiteres mehr. Da es immer schwieriger wird, diese ungezügelte Gier zu befriedigen oder da manchmal einiges gar wieder hergegeben werden muss, entstehen aggressive Gefühle, entsteht Wut: Das lasse ich mir nicht bieten! Das kommt nicht in Frage! Das will ich nicht! Wut ist ein typisches Ego-Gefühl. In diesem Zustand wird unser Unterscheidungsvermögen, die Unterscheidungskraft, ausgespielt und das Ego übernimmt die Kontrolle.

Ein Ego gibt sich nicht nur stark und fordernd; es zeigt sich auch in so genannt «schwachen» Gefühlen wie in den bereits erwähnten Ängsten und Zweifeln. Gewiss, man soll im Leben vorsichtig sein, und nicht alles kann auf Anhieb gelingen, doch übertriebenes Sich-Ängstigen und Zweifeln behindert den Lebensfluss und kann zudem zur Manipulation des Umfeldes missbraucht werden. Sowohl das Sich-Aufblasen als auch das Sich-klein-Machen sind also Aspekte des Egos, denn damit verneinen wir unser Göttliches Potenzial, das Göttliche Selbst in uns.

Göttliches Selbst und Ego sind somit Gegenpole. Sathya Sai Baba verdeutlicht das mit dem folgenden englischen Wortspiel:

Love lives by

giving and forgiving,

ego lives by

getting and forgetting.

Die Liebe gibt und vergibt; das Ego nimmt und vergisst. Das Göttliche Selbst als reine Liebe und reiner Frieden gibt aus sich selbst. Das Ego nimmt, bleibt aber unzufrieden, und ist es mal zufrieden, hat es bereits wieder Angst, seine Zufriedenheit zu verlieren.

Selbst und Ego werden – obwohl Gegenpole – in der Alltagssprache oft nicht auseinander gehalten. Beispiel «Selbstverwirklichung»: Oft wird darunter verstanden, seine kühnsten Träume zu verwirklichen, vor allem solche, in denen es um Macht und Ruhm geht. Man hat Einfluss und kann weit reichende Weichenstellungen beeinflussen; man läuft schneller oder steigt höher und wird dafür gefeiert und bewundert. Eigentlich müsste man das «Ego-Verwirklichung» nennen. Der Weg zur Selbstverwirklichung indes ist geprägt von disziplinierter Arbeit an sich selbst, von Demut und Bescheidenheit, von Ego-Abbau. Dieser beruht darauf, sein Ego klarer wahrnehmen zu lernen. Das ist nicht ganz einfach, denn das Ego lässt sich ungern fassen. Um es weiter zu verdeutlichen, wird es im Folgenden mit einigen Metaphern umrissen.

Unser Ego ist wie ein Motor, ein innerer Motor. Sein Wirken geht – so ist er gebaut – in die Richtung unserer spezifischen Begabungen und Interessen. Die meisten Menschen spüren schon früh in ihrem Leben, ob sie beispielsweise gerne mit anderen Menschen zusammen sind und mit ihnen interagieren oder ob sie von Technologie und ihren Möglichkeiten fasziniert sind oder ob sie in die Tiefe des Wissens eintauchen möchten oder anderes mehr. Daraus entwickeln sie dann mit Hilfe des Egos die entsprechende Kompetenz in den verschiedenen Kompetenz-Bereichen. Das Aufbauen eines Egos ist somit notwendig für die Entwicklung der Persönlichkeit. So wie ein Gerüst dazu hilft, ein Haus zu bauen, dient das Ego dazu, persönliche Kompetenz und Stärke aufzubauen, um sich im Leben durchsetzen zu können und seine Lebens-Ziele zu erreichen.

Das Ego ist nicht identisch mit den Begabungen und Neigungen; es nutzt aber die vorhandene psychische Konstellation mit ihren Stärken und Schwächen und leiht ihr seine Kraft. Und wie entsteht diese Zusammenarbeit? Das kleine Kind – noch mit dem Jenseits verbunden – muss zu seinem Ich finden, zu seinem Körper, zu seiner Form. Es möchte, wie da, wo es herkommt, allem in Liebe verbunden sein und muss doch **sein Eigenes** finden, auch **gegen** andere. Es grenzt sich ab, um sich zu finden und identifiziert sich immer mehr mit seinem Körper und mit seinem sich entfaltenden Denken.

So bildet sich aus dem eigenen Denken, Reden und Handeln sowie den Erfahrungen, die man damit macht, immer deutlicher die Rolle heraus, die man im Theater des Lebens spielt. Man kleidet und gibt sich entsprechend und identifiziert sich immer mehr damit, so dass man schliesslich denkt: Ich bin so. Um später im Beruf und in Bezug auf die eigene Lebensaufgabe erfolgreich zu sein, ist es auch wirklich notwendig, sich mit dieser Rolle zu identifizieren. Man **muss** eine Rolle spielen im Leben; man kann **nicht keine** Rolle spielen. Und man muss sie gut spielen.

Anhand der Rolle werden zum Beispiel Disziplin, Durchhaltevermögen, Abgrenzungsfähigkeit und weitere positive Qualitäten geübt. Sie färben auf die Charakterstruktur ab, die bereits besteht und diese Inkarnation prägt. Die Persönlichkeit lernt und entwickelt sich dank dem Ego weiter. Das Ego hilft also, dass sich das inkarnierte Wesen in seine Bestimmung hinein entfalten kann. Die Persönlichkeits-Konstellation, mit welcher wir geboren werden, stellt die prinzipielle Vorgabe zur Verfügung, wie die Ego-Energie umgesetzt werden kann. Im Rahmen dieser Vorgabe gestalten wir mit unserem freien Willen das Kunstwerk unseres Lebens.

Einige Beispiele zur Veranschaulichung: Jemand weist beispielsweise den Charakterzug «Einfluss ausüben wollen» auf. Schon als Kind zeigt er diese Ausrichtung. Im Heranwachsen wird er sich Formen suchen beziehungsweise schaffen, in welchen er sein Thema leben und damit Erfahrungen machen kann, sei es in der Schule, im Sport oder anderswo. Später wird er demzufolge vielleicht eine politische Laufbahn einschlagen und als Leitfigur politische Systeme dominieren oder seinen Einfluss im Hintergrund spielen lassen. Er hat Macht.

Worüber hat er Macht? Viele Machtträger würden diese Frage dahin gehend beantworten, ihnen stünden Möglichkeiten offen, Abläufe, Informationen oder Entscheidungen zu kontrollieren. Manche würden anfügen, sie hätten Macht über andere Menschen und auf diese Weise sei es ihnen möglich, **durch** andere Menschen etwas zu bewegen. Sie alle spüren, wenn auch meist unbewusst, dass sie damit einen wichtigen Aspekt ihrer Persönlichkeit ausleben. Allerdings beschränken sie sich dabei meist auf äussere Machtausübung, und nur wenige erkennen aus eigener Reflexion heraus, dass sie einen bestimmten Bereich ihres Machtthemas aussparen: Macht über sich selbst. Das hat seinen Preis, denn wer keine oder zu wenig positive Macht über sich selbst hat, tendiert dazu, andere nicht nur im Positiven zu beeinflussen, sondern sie in diejenige Richtung zu zwingen, die er als die einzig richtige ansieht, im Extremfall bis zur totalen Unterdrückung.

Ein weiteres Beispiel: Jemand trägt in sich den Drang, Neues zu kreieren. Auch bei ihm wird diese innere Ausrichtung schon früh äussere Formen finden und vielleicht seine Berufswahl beeinflussen. Es kann sein, dass er neue Technologien mitentwickelt oder sie auf innovative Weise verwendet. Dabei wird Altes über Bord geworfen, was sein Gutes haben kann. Sei es im technischen, sei es im sozialen Bereich oder sonst wo, die Neuerungen kommen an. Dennoch hält er sich nicht lange mit den Erfolgen auf, sondern sucht rastlos weiter und denkt, während er an einem Projekt arbeitet, schon ans übernächste. Er vergisst, dass auch Bestehendes Pflege braucht, so wie ein Haus, dem Stockwerk um Stockwerk hinzugefügt wird, auf ein gutes Fundament angewiesen ist. Wenn Tradition nicht wertgeschätzt wird, kann unreflektierte Innovation zur Sucht nach Veränderung entarten, was irgendwann die vorhandenen Ressourcen aufbraucht.

Ein drittes Beispiel: Jemand besitzt die Gabe, gut mit Menschen Ziele erreichen zu können. Er spielt schon im Kindesalter den Anführer, plant Streiche und begeistert seine Spielkameraden dafür. Später organisiert er vielleicht sportliche Aktivitäten und bestreitet zusammen mit seinen Kollegen erfolgreich Wettkämpfe. Irgendwann findet seine Leidenschaft ihren Weg in eine berufliche Funktion, beispielsweise als Trainer, als CEO. Nicht persönliche Macht, wie im ersten Beispiel, sondern Menschen zu motivieren, gemeinsame Ziele zu erreichen, ist ihm wichtig. Er schätzt die Gemeinschaft, in der alle «am gleichen Strick ziehen», wenngleich in verschiedenen Funktionen. Doch die Ansprüche von aussen wachsen und grosse finanzielle Interessen stehen auf dem Spiel. Als Folge davon erhält das Erreichen-Müssen der Ziele in seiner Führung immer mehr Gewicht; das Gemeinsame wird nur noch beschworen aber nicht mehr gelebt. «Höchstleistung um jeden Preis» ist jetzt die Maxime.

Das Ego dient also wie bereits erwähnt dem einzelnen Menschen in der Entwicklung seiner Persönlichkeit. Auf diese Weise können positive Persönlichkeitsaspekte wie Durchsetzungsfähigkeit, Kreativität, Koordinationsfähigkeit, Standhaftigkeit, Toleranz, Ausdauer, Verzicht geübt und immer besser gemeistert werden.

Zudem dient das Ego auch der Gesellschaft. Sie ist auf die Stärken jedes ihrer Mitglieder angewiesen, und die Summe der Stärken Einzelner entwickelt die Gesellschaft als Ganzes weiter. So kann jeder – je nach Begabung – beispielsweise dazu beitragen,

- Bedingungen zu schaffen, um Menschen einen guten Start ins Leben / ins schulische Lernen / in den Beruf zu ermöglichen,
- neue hilfreiche Werkstoffe zu entwickeln,
- Zusammenarbeit in Organisationen zu verbessern,
- Orte zu verschönern,
- Disharmonie zwischen Menschen aufzulösen, Frieden zu schaffen,
- mit künstlerischen Darbietungen Menschen zu erfreuen,
- und vieles mehr.

Wo klang in dir beim Lesen dieser Auflistung etwas an? Wie würdest du deinen Beitrag zur Gesellschaft benennen?

Eine starke Seite der eigenen Persönlichkeit zur Blüte zu bringen erhöht die eigene Durchschlagskraft, was dazu verführt – wie in den drei ausführlicheren Beispielen angedeutet – noch mehr Energien in die gewählte eine Richtung zu lenken. Man setzt voll auf diese Karte, ohne den Ausgleich zu pflegen, ohne die andere Polarität zu berücksichtigen. Leben aber ist beides: Auf und Ab, Licht und Dunkelheit, Freude und Schmerz, Yin und Yang – Fluktuation zwischen zwei Polen, nicht Festhalten an einem. Das starre Sich-Fixieren auf die grosse Stärke, die man hat – zum Beispiel gut reden können, schnell analysieren können, Gefühle gut unter Kontrolle halten zu können – schafft ein starkes Gravitationszentrum, wie ein «schwarzes Loch» im All. Es schluckt alle verfügbaren Ressourcen. Das Ego packt die Gelegenheit beim Schopf und übernimmt das Kommando über diesen Persönlichkeitsanteil. Es nützt ihn für seine Zwecke aus, wodurch das psychische System mehr und mehr aus dem Gleichgewicht gerät, da der fehlende Gegenpol keinen Ausgleich bewirken kann.

Gut reden zu können entartet zum Beispiel bei jemandem dazu, dass er überall das Wort an sich reisst oder Themen zerredet. Er hat verlernt zu schweigen. Wer hinter die Oberfläche desjenigen schaut, der sich so verhält, sieht Dominanzstreben, Ungeduld und ähnliches mehr – Ego-Qualitäten. Schnell analysieren zu können wiederum kann jemanden dazu verführen, für wahrgenommene Probleme sogleich die passende Lösung zu präsentieren. In der fehlenden Tiefe und Ruhe seines Verhaltens lässt sich die Angst oder die Arroganz des Egos erahnen. Die Fähigkeit schliesslich, Gefühle gut unter Kontrolle halten zu können, kann sich unter dem Einfluss des Egos zu spürbarer emotionaler Kälte verändern.

Leben bewegt sich zwischen Polen; im letzten Beispiel zwischen «Gefühle unter Kontrolle halten» und «Gefühle fliessen lassen». Das Ego arbeitet darauf hin, dass wir uns auf einen beschränken, denjenigen, der ihm am besten dient. Wenn man sich vorstellt, wie aus einer Körperposition, die nicht im Gleichgewicht ist, durch länger dauerndes daran Festhalten sich eine schiefe Haltung entwickelt, kann man ermessen, in welcher Spannung sich die Psyche durch die Umklammerung des Egos befindet und welche Gefahr das für die persönliche Entwicklung bedeutet.

Spannungen müssen sich irgendwann lösen, so wie sich Spannungen der Erdtektonik in Erdbeben entladen. Je stärker sich ein Ego gegen eine Umorientierung wehrt, desto dramatischer ist für den betreffenden Menschen die irgendwann eintretende Wende. Wir sprechen dann von Schicksalsschlag oder von persönlicher Katastrophe.

Doch warum lässt ein Mensch es so weit kommen? Weshalb lässt er ein solches Ungleichgewicht oder so viel Negativität überhaupt zu? Weshalb schweigt er nicht öfters, statt so viel zu reden? Weshalb gibt er nicht leichten Herzens seine Macht ab? Weshalb verzichtet er nicht darauf, Gewalt anzuwenden? Die Antwort lautet: Er ist sich nicht bewusst, dass er gegen Lebensgesetze handelt. Was ist der Grund dafür? Die Macht des Egos ist gross geworden.

Langsam und unmerklich haben sich die Kräfteverhältnisse nämlich verschoben: Statt dem Ich in seiner Lebensaufgabe zu dienen, hat das Ego begonnen, das Ich zu versklaven. Es schwingt sich vom Instrument der Persönlichkeit zu ihrem Herrn auf! Errungenschaften schreibt es nun sich selbst zu: **Ich** habe das geschaffen! **Ich** bin der/die **Grösste**! In der Sprache der für das Ego verwendeten Metaphern ausgedrückt: Die «Rolle» hat sich verselbstständigt und spielt nun auch ausserhalb des Theaters weiter. Das «Gerüst» behauptet, das Gebäude zu sein und man solle sich gefälligst auf ihm wohnlich einrichten. Der «Motor» läuft munter weiter und dreht gar noch auf. Doch wer hat das Theaterstück geschrieben und die Rolle ausgedacht? Wer hat das Haus gebaut und zuvor das Gerüst dazu erstellt? Wer hat den Motor konstruiert?

In Wirklichkeit stammen die Materialien und Konzepte von der Göttlichen Seele. Sie ist die Quelle. Sie konzipierte die individuelle Persönlichkeit so, dass sie in diesem Leben bestimmte Aufgaben zu lösen hat. Damit sind innere seelische Aufgaben gemeint wie zum Beispiel Mut, Demut oder Toleranz zu entwickeln. Das Ego soll die Persönlichkeit im Erfüllen ihrer Vorhaben unterstützen, nicht sie dominieren. Es soll ihr Lernen ermöglichen.

Je mehr Lernaufgaben gelöst werden und je mehr die Persönlichkeit reift, desto mehr verliert das Ego indes seine Funktion. Es versucht, sich zu retten, indem es seine Macht verteidigt oder gar ausbaut. Mit seiner Verwandlung vom Diener zum Diktator schadet es der Persönlichkeit jedoch, denn es behindert damit ihre Weiter-Entwicklung.

Zudem fürchtet es sich vor dem Sterben. Das Ego und der Körper überleben den Tod nicht, das individuelle Ich schon. Aus dieser Gegebenheit kämpft das Ego mit Zähnen und Klauen zum Beispiel gegen die Lehre der Wiedergeburt und hat – aus seiner begrenzten Sicht – sogar Recht.

Auch das grösste Ego der Welt wird sich am Schluss des Lebens eines Menschen also auflösen, auflösen müssen. So kann es sein, dass ein mächtiger oder furchterregender Mensch, der voll auf das Ego setzte und sich daher ein grosses seelisches Ungleichgewicht zumutete, in Todesnähe zu einem «Häufchen Elend» zusammen-schrumpft, hilflos und ohnmächtig. Das Schicksal wird ihm indes in weiterer Leben geeignete Lernerfahrungen zuteilen, so dass er seinen Weg zur Quelle allen Seins gehen kann.

Wer in der ersten Lebenshälfte seine Kompetenz auf- und ausgebaut hat, wer einen gewissen Lebensweg gegangen ist, wer willens ist, die Führung des «Unternehmens Ich» voll zu übernehmen, sollte in der zweiten Lebenshälfte über sein Ego reflektieren. Dieses ist ja – wie dargestellt wurde – nicht einfach gut oder schlecht, hilfreich oder hinderlich; es ist sowohl als auch. Wir können somit wertschätzen, was wir mit seiner Hilfe erreicht haben, und – das allerdings ist nun angesagt – sehr klar und detailliert darauf schauen, wo und wie sich seine Kehrseite in unserem Verhalten und in unserer Haltung eingenistet hat: Wann werten wir andere ab, geben wir der Ungeduld nach, verschliessen wir uns dem Leid anderer, boxen wir Eigenes durch und weiteres mehr? Wie lebst du dein Ego in deinem Alltag aus?

Wie bist du mit dieser Frage umgegangen? Weitergelesen? Nachgedacht? Dich über den diese Frage Stellenden geärgert? Dankbar den Impuls aufgenommen? Es geht darum, Ego-Aspekten, denen wir uns vielleicht bisher unbewusst gebeugt haben, die wir vielleicht wie Süchte gewohnheitsmässig als zu uns gehörig betrachtet haben, auf die Spur zu kommen und sie in einer innerlichen Auseinander-Setzung unmissverständlich zu konfrontieren.

Viele Menschen zeigen beispielsweise einen Aspekt des Egos, den man «Platz da, jetzt komme ich!» nennen könnte. Im Strassenverkehr, auf der Skipiste, im Feierabendgedränge am Bahnhof oder andernorts leben sie ihr Ego auf diese Weise aus. Stell dir vor, dieses Thema wäre ein Aspekt deines Egos: Ich gehe meinen Weg; die anderen sollen gefälligst Platz machen. Das gibt einem doch ein gutes Gefühl, oder? Du merkst aber vermutlich ebenso deutlich: Eine eigene Verhaltensweise (und die dahinter stehende innere Haltung) **selbst** zu konfrontieren ist ungewohnt und vielleicht unangenehm. Man fühlt sich in Frage gestellt, eventuell auch etwas verwirrt – man tut das nicht gerne.

Da wir unser Ego in der Kindheit entwickelten, haftet dem Ego etwas Kindhaftes an. Der (kindliche) Schmerz, Trotz oder die Angst in dieser Situation des Hinterfragt- und Konfrontiert-Werdens sind vielleicht mit dem traumatischen Moment zu vergleichen, in welchem ein Vogelkind von seinen Eltern aus dem Nest gestossen wird. «Wie», sagt das Ego, «ich, der half, dieses Ich aufzubauen soll nun plötzlich wertlos sein!?»

Das Positive der vergangenen Leistung des Egos soll also wertgeschätzt werden; die «Platz da!»-Facette hat vermutlich die Durchschlagskraft dieses Menschen gestärkt und ihm ermöglicht, sich seinen Platz im Leben zu erobern. Ein Instrument darf aber nicht zum Selbstzweck werden. Wer ein Auto hat, muss damit nicht herumfahren, bloss weil er dieses Instrument der Fortbewegung sein Eigen nennt. Er kann es auch ruhen lassen. Anders als ein Auto jedoch hält das Ego nicht von sich aus still, nachdem es seine Aufgabe in der ersten Lebenshälfte erfüllt hat; es mischt sich weiterhin ein, oft selbstgerecht und unangemessen.

Eine der deutlichsten Manifestationen des Egos ist der Missbrauch. Als Menschheit missbrauchen wir unsere Mutter Erde, indem wir sie nach Kräften ausbeuten und möglichst viele Bodenschätze und Landwirtschaftsprodukte aus ihr herauspressen. Im Geschäftsleben werden Informationen, Geld und anderes zur persönlichen Bereicherung und Machtsteigerung missbraucht. In Beziehungen werden das Vertrauen, die Nähe und die Abhängigkeit missbraucht. Wir missbrauchen die Luft, das Wasser und die Wissenschaften; all dies zur Befriedigung der Wünsche des Egos. Das muss sich ändern.

In Situationen zum Beispiel, in denen es um unser Verhalten gegenüber anderen Menschen geht, können wir das Ego mit der «anderen Seite» konfrontieren. Dafür lässt sich unsere Fähigkeit einsetzen, **grundsätzlich verschiedene innere Perspektiven einnehmen zu können** (ausführlich dargestellt in «Die 7 Lebens-Fragen», S. 52 ff.).

Die erste Perspektive (die Situation mit eigenen Augen anschauen) entspricht der Ego-Perspektive. Sie soll bewusst eingenommen und wertgeschätzt werden. Danach nimmt man ebenso bewusst und wertschätzend die zweite Perspektive ein (die Situation mit den Augen des anderen anschauen).

In der Konfrontation von Ego-Sicht und Sicht des anderen moderiert das Ich den Dialog zwischen den beiden Sichtweisen, so wie ein Familientherapeut ein Gespräch mit zwei Familienmitgliedern führt. Dieser ist – wenn er ein guter Therapeut ist – darauf bedacht, sich mit keiner der beiden Seiten zu solidarisieren und auch keine Seite abzuwerten. Genauso soll man als Moderator/in den heilsamen inneren Dialog am Laufen halten, welcher nur schon durch die Tatsache, dass ein Dialogpartner da ist, den Alleinanspruch des Egos relativiert.

Diese kleinen, aber anspruchsvollen innerlichen Konfrontationen – wir sind ja Moderator/in, Ego und die «andere Seite»! – können, wie bereits angedeutet, als Schwächung empfunden werden: Ich verliere meine Power. Ich verzettle meine Energie im Reflektieren statt zu handeln. Ich fühle mich gebremst. Da ist es wichtig, zu verstehen, dass nicht das Ich, sondern **das Ego geschwächt** wird, und auch geschwächt werden soll! Mit der Zeit gewöhnt sich das Ich daran, sich vom Ego im positiven Sinne zu distanzieren. «Im positiven Sinne» bedeutet: ohne Ärger, ohne Schuldgefühl, ohne Wehmut – man geht weiter, so wie man sich von einer Bank auf einem Hügel erhebt, von wo aus man die Aussicht bewundert hat und nun den Weg wieder unter die Füsse nimmt. Man hat ein Stück Kraft zurückgewonnen.

Eine andere Vorgehensweise, Ego abzubauen ist **zu dienen**. Dienen ist für andere da sein. Die Natur bildet eine grosse Inspirationsquelle fürs Dienen. Sie schenkt uns Nahrung, hält den Kreislauf des

Wassers in Gang und erfreut uns mit ihrer vielfältigen Schönheit. Im Speziellen auch die Tiere geben uns unendlich viel: Sie leisten uns Gesellschaft; sie tragen uns; sie geben uns Milch, Eier, Wolle und anderes mehr; sie geben sogar ihr Leben, damit manche Menschen Fleisch essen können.

Der Dienende gibt – Lebenszeit, Arbeitskraft, positive Energie und er gibt freiwillig. Ein Sklave hat keine Wahl; er muss alles geben, was er hat und kann. In der heutigen Dienstleistungsgesellschaft dienen wir zwar freiwilliger als die Sklaven, allerdings stellen wir unsere Dienste nur dann zur Verfügung, wenn wir damit Geld ver-dienen beziehungsweise sind wir gezwungen, unsere Dienst-Leistung zu geben, um Geld zu verdienen. Dennoch ist es möglich, eine Arbeit, die für Geld geleistet wird, mit Liebe und Hingabe auszuführen. Entscheidend für die Reinheit des Dienens ist die innere Haltung: Reines Dienen gibt freiwillig, von Herzen, ohne Absicht, höchstens mit der Absicht, dem anderen Freude zu bereiten. Dieses Dienen im eigentlichen, im spirituellen Sinne richtet also die Aufmerksamkeit weg von sich selbst auf den anderen / das andere und gibt, ohne etwas vom anderen zu erwarten. Manche helfen jemandem über die Strasse, wachen Tag und Nacht am Bett eines Kranken oder nehmen über viele Jahre hinweg grosse Mühen auf sich, damit Kinder aufwachsen und sich entwickeln können – jeder kennt viele kleine und grosse Beispiele.

Im Menschen, der dient, erhält eine liebevolle Qualität, die dem Herzen entspringt, mehr Raum. **Das Ego verliert an Wichtigkeit und verblasst**, auch deshalb, weil diese Herzens-Qualität weit über die Grenzen des Ichs hinausreicht und somit eine Gegenbewegung zum auf sich selbst bezogenen Ego darstellt. Wo die Wärme der Sonne strahlt, kann Eis immer weniger bestehen; es schmilzt.

Eine weitere Möglichkeit, Ego abzubauen ist **Dankbarkeit** zu entwickeln. Damit ist mehr gemeint als hin und wieder zu jemandem «danke» zu sagen. Dankbarkeit ist eine grosse spirituelle Qualität und eine klare innere Haltung. In jedem Augenblick unseres Lebens erhalten wir Hilfe durch die Leistungen anderer, auch wenn wir das grosse Zusammenspiel meist nicht erkennen. Wir fahren in Zügen, Autos und anderen Verkehrsmitteln auf Verkehrswegen, welche auch für uns gebaut wurden und unterhalten werden. Wie viel muss da zusammenwirken, dass alles reibungslos vor sich geht!

Wir setzen uns in ein Restaurant und lassen uns bedienen. Dafür musste – wenn wir rückwärts schauen – jemand die Teller anrichten, zuvor kochen, die Zutaten rüsten, einkaufen; jemand musste beim Grossisten die Gestelle einräumen, zuvor die Ware anliefern, sie verpacken, ernten, pflegen, anbauen und so weiter. Es ist fast unfassbar, wie viele Menschen ihre Arbeitskraft zur Verfügung stellen mussten, damit wir im Restaurant eine Mahlzeit geniessen können.

Wer das vertieft durchdenkt, kommt bald zum Schluss, dass die Konstellation **jedes** Augenblicks das Resultat einer lange dauernden, die Arbeit vieler Wesen umfassenden Wirkungskette darstellt. Sogar wir selbst kommen vielleicht darin vor! Somit ist es nicht nur logisch und freundlich, dem LEBEN und seinen Protagonisten zu danken, sondern auch eine kluge Strategie, geradezu eine **Haltung** von Dankbarkeit zu entwickeln. Damit bekräftigen wir, dem Strom des LEBENS anzugehören. Wir sind ein Aspekt des Ganzen – wozu da ein Ego?

Das Abbauen des Egos, wofür nun einige Wege vorgestellt wurden, sollte daher nicht als Niederlage erlebt werden, sondern als Weiterentwicklung. Entwicklungen – diese Wahrheit hat mittlerweile selbst im Wirtschaftsdenken Einzug gehalten – verlaufen nicht geradlinig. «Immer mehr Profit» ist kein Naturgesetz. So wie Flüsse, denen man ihren freien Lauf lässt, in der Landschaft mäandern, manifestiert sich in der Natur ein steter Wechsel, ein Verschieben des Gleichgewichts, ein Auf und Ab, zum Beispiel von guten und weniger guten Ernten. Doch während schlechte Ernten und fallende Aktienkurse als zyklische Phänomene immer wieder vorkommen und Angst auslösen können, ist der Ego-Abbau ein Grund zur Freude. Er ist kein zyklisches Phänomen, sondern ein Entwicklungs-Fortschritt: Das Ego stellt den notwendigen Faktor für die Entwicklung dar. Es wird aufgebaut und hat seine Blütezeit. Aus der Blüte entsteht die Frucht, während die Blüte verwelkt. Die innere Entwicklung verläuft also in zwei grossen Schritten über die vier Jahreszeiten des Lebens hinweg.

Der erste Schritt beinhaltet, sein Leben in den Griff zu bekommen – das äussere und das innere Leben. Dazu ist es notwendig, gewisse Qualitäten in sich zu entwickeln: fokussiertes Denken, Gesunderhalten des Körpers, emotionale Stabilität und eine grundlegende Klarheit über die Lebens-Fragen. In dem Masse, wie das gelingt, fühlt man sich nicht oder nicht mehr als Opfer, sondern als Handelnder entlang einer selbstbestimmten Strategie; man ist sozusagen zum König geworden – zum König des Reiches «Ich»!

Als Helfer des Königs spielt das Ego in diesem Prozess eine wichtige Rolle, denn es stellt seine Kraft dem werdenden König zur Verfügung. Dieser kann dadurch die Zügel fester in die Hand nehmen, wird allerdings aber auch abhängiger von seinem Diener. Der Diener seinerseits liebt die Macht, wie bereits früher in diesem Kapitel beschrieben. Er übernimmt allmählich das Zepter und baut das Königreich «Ich» zu einer Diktatur um, in welcher der König zum Schluss machtlos im Palast gefangen sitzt.

Indem man auf die Kraft des Egos setzt, kann man im Leben vieles erreichen – Reichtum, Macht, Ruhm und anderes mehr. Zugleich aber verändert man sich in seiner Persönlichkeit; man nimmt immer mehr die Züge des Egos an. Bezeichnenderweise wird oft von «grossen» Unternehmern, Politikern und ähnlichen Machtträgern kolportiert, sie seien zwar erfolgreich in ihrem Tun, doch zudem auch launisch, jähzornig, rachsüchtig oder sonst wie bösartig. Sie haben alles im Griff – ausser sich selbst!

Damit das nicht geschieht, muss der König frühzeitig lernen, dem Grösseren Raum zu geben. Dem Grösseren? Ja, dem Göttlichen. Der zweite grosse Schritt im Leben beinhaltet die Hingabe an das Göttliche. Der König öffnet sich der Einsicht, dass das Göttliche im Grunde genommen der Handelnde ist. Dennoch trägt der König die Verantwortung für die gute Führung seines Königreiches. Er setzt alle seine Kräfte dafür ein, dass es den Bürgern dieses Reiches gut geht und sie glücklich sind, dass sie alles haben, was sie brauchen, dass sie in Frieden mit den Nachbarn leben und sich sicher fühlen können. Der König weiss, dass dies nur zu schaffen ist, wenn er in seinem Reich die Göttlichen Gesetze einführt und sich von der inneren Göttlichen Stimme leiten lässt. Dann fällt er Entscheidungen, die **zum Guten des Ganzen** sind.

Die zwei grossen Entwicklungsschritte im Leben können nicht gleichzeitig vollzogen werden; sie folgen nacheinander, gehen aber idealerweise wie bei der natürlichen Vorwärtsbewegung ineinander über. Beide sind elementar wichtig und ergänzen sich.

Wer den ersten Schritt vernachlässigt und kein richtiges Ego entwickelt, wird zum Spielball fremder Kräfte. Auch kann der zweite Schritt ohne den ersten nicht wirklich gelingen. Wer zum Beispiel aus Schwäche die Verantwortung für sein Leben abgibt, wie dies in Sekten geschieht, in denen «absoluter Gehorsam» gefordert wird,

wird den fehlenden Schutzwall seiner «Egolosigkeit» schmerzhaft erfahren. Interessant dabei ist, dass die vielen abgegebenen Egos der Sektenmitglieder die Egos der Sektenführenden meist riesig werden lassen... In den (guten) spirituellen Traditionen heisst es deshalb, der Meister erscheine zum richtigen Zeitpunkt im Leben des Jüngers – dann, wenn der Jünger bereit sei. Im Lichte unseres Themas bedeutet das, dass der Schüler / die Schülerin ein stabiles Ego aufgebaut hat und bereit ist, den Weg darüber hinaus weiterzugehen.

Wer andererseits ein Ego entwickelt und sich auch später daran klammert, wird, wie bereits ausgeführt, zum Spielball des Egos. Auch das ist schmerzhaft – zunächst für andere, die Mitmenschen und die Umwelt, mit der Zeit und dem Wirken des Karmas auch für sich selbst. Gutes Timing der Schritte in den Lebensphasen ist essenziell: Es macht Sinn, sein Ego vor allem im Frühling und im Sommer des Lebens einzusetzen, um seine Ziele zu erreichen. Dennoch ist Vorsicht geboten: Das Ich soll die Zügel immer in der Hand behalten und sie nicht dem Ego überlassen. Im Laufe des Sommers und vor allem im Herbst des Lebens muss das Ego dann zurückstecken, um dem Grösseren Raum zu lassen.

Wer im Extremfall nur den ersten Schritt macht und sich nie um den zweiten kümmert, wird zum grausamen Herrscher; wer gleich den zweiten Schritt tut und den ersten überspringt, wird zum machtlosen und deshalb unglaubwürdigen Heiligen. Beide Schritte sind notwendig, in einer guten Balance: ein Ego aufbauen und kraftvoll einsetzen und das Ego abbauen und sich dem Göttlichen anvertrauen.

Fragen zur Reflexion und Integration:
- Wie manifestiert / manifestierte sich mein Ego?
- Welches ist / war die dominierendste Facette meines Egos?
- Wo in meinem Leben kann ich üben, Situationen «mit den Augen des anderen anzuschauen»?
- Wie kann ich dienen?
- Wofür bin ich dankbar? Und wofür auch noch?

3 Sich für das Lichtvolle entscheiden

Viel Leid begleitet unser Leben: Körperliche Beeinträchtigungen und Schmerzen, vor allem wenn sie tiefer gehen oder länger anhalten, schränken uns ein; unachtsames und respektloses Verhalten von Mitmenschen verletzt uns emotional; grosse Lebenskrisen, von Verzweiflung, tiefem Schmerz und Überlebensangst begleitet, erschüttern uns im Innersten. Sie alle sind Teil unserer Lebenserfahrung und wir erleben sie – zumindest in der Zeit ihrer grössten Entfaltung – kaum als sinnvoll, denn sie verdunkeln das Strahlen unserer Lebensfreude.

So wählen wir denn auch, wenn wir Negatives, das wir erleben, benennen wollen, oft Worte, welche in irgendeiner Weise Dunkelheit ausdrücken: seine Miene verdüsterte sich, nur noch schwarz sehen, finstere Gedanken und ähnliche mehr. Für das Gegenteil – das Lichtvolle – gebrauchen wir ebenso entsprechende Wendungen: freudestrahlend, ein Leuchten ging über sein Gesicht, jemanden liebevoll anstrahlen und weitere mehr. Jeder spürt in diesen anschaulichen Formulierungen sogleich die Ausrichtung der beschriebenen Erfahrung.

Die komplexen Konstellationen und Vorgänge in unserem Innenleben und ihre äusseren Auswirkungen lassen sich grundsätzlich einer dieser Qualitäten, dem Dunklen oder dem Lichtvollen zuordnen. Die sachlichen Begriffe «negativ» und «positiv» ermöglichen uns das Mitspüren, das Teilhaben am energetischen Aspekt weit weniger. Zudem werden sie individuell verschieden verwendet. So ist es zum Beispiel für den einen «positiv», dem anderen mit starken Worten seine Meinung zu sagen, doch wird dies vom anderen unter

Umständen gar nicht als lichtvoll erlebt! Daher sind die Begriffe «dunkel» und «lichtvoll» sowie ihre Abwandlungen geeigneter, den energetischen Gehalt zu transportieren.

Zu unseren leidvollen Erfahrungen tragen wir selbst bei: Wir pflegen ungute Gedanken, zum Beispiel Rachegedanken; wir erlauben, dass fixe Ideen, die einengen und herunterziehen, sich in unserem Denken einnisten; wir wenden uns in Gesprächen mit anderen über das gute Mass hinaus dem Schrecklichen zu und lassen es so lebendiger werden; wir sehen in anderen zunächst das Negative; wir definieren uns als Opfer; wir wählen Essens-, Trink-, Bewegungs- und andere Gewohnheiten, von denen wir wissen, dass sie uns nicht gut tun; wir suchen Orte auf, wo Gewalt die Regel ist und vieles mehr.

Doch wie kommt es, dass wir dem Dunklen immer wieder nachgeben beziehungsweise dass manche Menschen vom Dunklen geradezu fasziniert sind? Wir manifestieren oder suchen aussen, was wir bewusst oder unbewusst in uns tragen. Daher greifen wir auch oft im Sinne des Dunklen ein: Wir fühlen uns von den Worten eines Gesprächspartners verletzt und «schlagen zurück», indem wir ähnlich verletzende Worte gebrauchen, womöglich noch von abfälligen Gesten begleitet. Die innere Stimme, die den Frieden bewahren will, wird übergangen. Wir tratschen hinter jemandes Rücken über ihn, spinnen Intrigen oder grenzen andere aus und wollen nicht wahrhaben, dass wir damit das Klima des ganzen Systems, dem auch wir angehören, vergiften. Oder wir greifen zu Gewalt. Alle derartigen Vorgehensweisen und im Speziellen das Ausüben von Gewalt können leicht eskalieren. Es entsteht eine **Eigendynamik des Dunklen**, die alle Beteiligten mitreisst. Das geschieht im Kleinen wie im Grossen, vom Streit in der Familie bis zum Krieg zwischen Nationen. Sich dagegen abzugrenzen fällt schwer, denn man ist Teil des Systems, in welchem im Moment die Dunkelheit regiert. Das Merkmal dieses Strudels, in welchen man immer mehr hineingezogen wird, ist der **Verlust der Freiheit.**

Einer hat anderen Geld abgeschwatzt und es nicht wie abgemacht angelegt, sondern für sich abgezweigt. Als einige ihr Geld zurückfordern, sieht er keine andere Möglichkeit als die Betrügereien auszuweiten, um damit die anfänglichen Schulden zurückzuzahlen. Die Schulden werden immer grösser, die Forderungen immer drängender, seine Lage auswegloser.

Ein anderer lässt sich zum Konsum einer Droge überreden. Er findet Gefallen daran, doch muss er die Dosis laufend erhöhen, um weiterhin das erwünschte Resultat zu erreichen. Er braucht mehr und mehr Geld und Zeit, um das Verlangen zu stillen und lebt schliesslich nur noch für die Droge.

Ein dritter argumentiert mit jemandem über ein Thema. Er will nicht nur seine Meinung dazu vertreten, sondern sie auch durchsetzen. Das Gespräch wird zu einem Streitgespräch, in welchem immer weniger zugehört und mit immer emotionaleren Worten gekämpft wird. Beleidigungen rufen Ähnliches auf der anderen Seite hervor und das Ganze endet unerfreulich.

Alle drei denken, sie würden nur mal kurz zum Dunkleren greifen, «da die Situation dies eben so erfordere». Sie sind überzeugt, «alles im Griff zu haben» – und finden sich in einem Strudel wieder, der sich scheinbar ohne ihr Zutun schneller und schneller dreht. Sie meinen, die immer dunkler werdenden Handlungen selber zu wollen, und sie realisieren nicht, dass das Dunkle immer mehr durch sie handelt!

Im Gegensatz dazu kann sich im Lichtvollen keine derartige Sogwirkung entwickeln. Es kann Begeisterung für eine gute Sache entstehen, Menschen können von anderen zum Guten, zum Hilfreichen inspiriert werden, doch jeder behält immer seine Freiheit, auf welche Weise er Seines zum Guten des Ganzen beiträgt.

Für denjenigen, der sich des Dunklen bedient, fühlt sich sein Handeln auch meist «gut» an, zumindest im Augenblick des Handelns. Weshalb? Die beiden Qualitäten Dunkelheit und Licht sind in einem bestimmten Verhältnis in uns enthalten, welches unserem Charakter auf unserer momentanen Entwicklungsstufe entspricht. Mit Gedanken, Worten und Taten sowie auch in Umgebungen, die diesem Verhältnis genügen, fühlen wir uns daher wohl. «Betrügen ist doch kein Problem; der andere ist selber schuld, wenn er darauf reinfällt.» – «Ein bisschen mogeln ist schon ok.» – «Die Wahrheit kommt zuerst, auch wenn es mich etwas kostet.» Ausgesprochen oder nicht ausgesprochen, laufend definieren und rechtfertigen wir unser Verhalten im Alltag in der für uns stimmigen Mischung von dunkel und lichtvoll.

Selbst in einfachen Aussagen, die an sich positiv gemeint sind, drückt – wenn vorhanden – die andere Seite durch, so dass sich das Verhältnis der beiden wieder im für einen selbst stimmigen Mass präsentiert: In Geschäftsbriefen zum Beispiel gab es früher gewundene Formulierungen wie «Ich möchte es nicht versäumen, Ihnen dafür zu danken, dass .....» Oder wer hat nicht schon Sätze gesagt wie «Wir sollten jetzt nicht in Panik verfallen, sondern .....» Im Prinzip benennen solche Aussagen das Negative, um es dann zu relativieren. Damit scheint dem Anspruch nach dem richtigen Verhältnis Genüge getan. Hineinspielen könnte ebenfalls, dass sich das Negative wie im Panik-Beispiel derart prominent zeigt, dass man nicht darum herumkommt(!), sich mit ihm zu befassen.

Auch von aussen wirken dunkle Energien auf uns ein, beispielsweise über die Medien, die Mitmenschen, das Wetter und anderes mehr; dennoch aber treffen immer wir selbst die Entscheidung, ob und wie wir darauf eingehen. In den meisten Fällen entscheiden wir allerdings gewohnheitsmässig und aktivieren damit unbewusst unsere eigene Dunkelheit. Es ist nicht der Krimi (welch seltsame Verniedlichung...), dessen dunkler Gehalt uns fesselt, sondern die eigene innere Dunkelheit, die sich manifestieren will.

Das innere Kräfteverhältnis verändert sich laufend, denn Dunkelheit und Licht existieren nicht friedlich nebeneinander; sie sind in einen dauernden Kampf verstrickt. Sie kämpfen – unterhalb der Bewusstheitsschwelle – um jede Alltags-Entscheidung, die wir treffen. Viele Menschen tendieren dazu, kleine Alltagshandlungen und die ihnen zu Grunde liegenden Entscheidungen als unwichtig zu betrachten. Das ist ein Irrtum! **Ein** Wort, **eine** kleine Bewegung kann unvorhersehbare und im negativen Fall unheilvolle Folgen auslösen. Das Schachspiel ist eine schöne Metapher dafür: Jeder Zug verändert das Spiel. Ein einziger kleiner Zug kann die Weiche zu Niederlage oder Sieg stellen.

Ein Schachspiel ist auf das Brett und die Zeitspanne, bis es endet begrenzt. Unser Alltag ist ungleich vielfältiger und vernetzter. Nehmen wir an, jemand macht sich Sorgen, weil man im Unternehmen, in welchem er arbeitet, von Kosten senken und Stellen abbauen spricht. Er denkt die ganze Zeit daran, ist zwischen Angst und Empörung hin- und hergerissen und kann in der Nacht kaum schlafen. Am Morgen verabschiedet er sich kurz und mürrisch von seiner Partnerin. Sie reagiert verärgert und ist immer noch irritiert, als sie zu ihrer Arbeit als Grundschul-Lehrerin geht. An diesem Morgen kann sie sich daher nicht gut konzentrieren und verhält sich zu den Kindern eher kurz angebunden. Diese nehmen ihre Stimmung auf, werden unruhig und leicht aggressiv. In der Pause leben sie ihre Aggressionen in ihren Spielen aus; eines schubst das andere, dieses fällt hin und verletzt sich an einer scharfen Kante; es blutet stark; die Ambulanz kommt...

Das Beispiel mag sich so oder anders zugetragen haben – in unserem Alltag laufen viele solche Kettenreaktionen ab, die aus einer scheinbaren Kleinigkeit entstehen. Wohin führen sie? Im schlimmsten Fall, wenn jedes Kettenglied die Schleusen seiner eigenen Dunkelheit öffnet, zu einer grossen Eskalation, zu schweren Verletzungen, Tod, Ausschreitungen, Chaos, Krieg. Im Normalfall, wenn kein weiteres Öl ins Feuer gegossen wird und gewisse Grenzen eingehalten werden, zu verbalen Verletzungen, zum Gefühl, nicht verstanden zu werden, zu Ratlosigkeit und Resignation. Damit ist es immerhin möglich, seinen Weg im Alltag «um eine Erfahrung reicher» fortzusetzen.

Im besten Fall indes verebbt die negative Energie und lässt sich nicht wieder hervorlocken. Wie ist das möglich? Einzelne Kettenglieder – Menschen mit einer bewussten spirituellen Ausrichtung – geben die dunkle Energie nicht weiter. Sie haben erkannt, dass auf Negativität mit Negativität zu reagieren die Dunkelheit nur vergrössert und daraufhin den bewussten Entschluss gefasst, sich von Dunkelheit und Negativität nicht mehr missbrauchen zu lassen. Sie wollen einen positiven Beitrag leisten und haben sich für die Richtung des Lichtvollen entschieden.

Demzufolge ist es wichtig, sich bewusst zu machen, welche Botschaften man mit seinem Verhalten vermittelt beziehungsweise welche Energien man weitergibt. Dies betrifft unsere verbale und nonverbale Kommunikation, aber auch die Stimmung, die wir ausstrahlen sowie die Gedanken, die wir pflegen und aussenden. Es gibt keinen Grund, mit dieser Überprüfung bis zum Zeitpunkt des Todes zu warten, wo – wie es heisst – jeder Mensch sein ganzes

Leben vor sich sehen und erkennen würde, wo er besser hätte handeln können!

Jede kleine Entscheidung kann die Bahn des Lebens in eine bessere Richtung lenken, sofern sie lichtvoll getroffen wird. Das macht auch die weiteren Entscheidungen etwas leichter. Entscheidungen einfach «spontan» zu fällen, reicht dazu nicht aus. Warum? Im Laufe ihres Lebens sind in vielen Menschen durch schwierige Erfahrungen und misslungene Vorhaben Tendenzen von Verbitterung und Resignation entstanden, welche wie dunkle Nebelschwaden den Raum der Persönlichkeit durchziehen und «spontane» Entscheidungen zu ihren Gunsten beeinflussen. Deshalb ist es hilfreich, entschlossen mit dem Lichtvollen zu gehen. Das bedeutet, grundsätzlich das Gute in Menschen und Situationen sehen zu wollen, die Aufmerksamkeit auf das in allem enthaltene Positive zu lenken sowie Entscheidungen im lichtvollen Sinn zu treffen.

Zweifel bezüglich dieser Vorgehensweise sind in der ersten Zeit normal. Sie können entkräftet werden, wenn man sich, wie weiter oben dargestellt, klar macht, dass die Bindung an das Dunkle immer mehr in eine Abhängigkeit führt, in welcher das Dunkle an Macht gewinnt, während die Bindung an das Lichtvolle eine «Bindung in Freiheit» darstellt. Dennoch muss die lichtvolle Ausrichtung bewusst geübt werden, weil dabei auch eigene Gewohnheiten verändert werden. Doch jeder Schritt in die Höhe auf der Wanderung zum Berggipfel hebt dich ein klein wenig aus dem Dunst des Tales heraus und lässt dich freier atmen.

Der innere Weg zum Lichtvollen führt über einige grosse Stufen. Es sind menschliche Entwicklungsstufen in Bezug auf das Verwirklichen unserer lichtvollen Natur.

Manche Menschen leben in Dunkelheit – in seelischer Dunkelheit. Sie manifestiert sich als Abwesenheit von gelebter Liebe und Fürsorge, von Schutz und Hilfe und mitfühlender Zuwendung. Häufig wird jemand schon in dieses Umfeld hinein geboren und bleibt im Heranwachsen darin haften. Auch äussere Ereignisse wie Kriege und Verfolgungen können eine solche Umgebung gestalten. Sie ist vom Gesetz des Dunklen gekennzeichnet; das bedeutet beispielsweise, dass, wer etwas herschenkt, als Verrückter gilt und wer andere gewalttätig verletzt, als Held.

Dennoch ist selbst im dunkelsten Umfeld in jedem Menschen eine Instanz gegenwärtig, welche zwischen Recht und Unrecht unterscheidet: **das Gewissen**, unser ethischer «Kompass», der auf die menschlichen Grundwerte hinweist. Die Stimme des Gewissens ist aufgrund ihrer Zugehörigkeit zur «Grundausstattung» des Menschen unmanipulierbar. Sie ist klar und eindeutig und macht keine Kompromisse. Allerdings können Menschen bereits im Kindesalter dahin gehend beeinflusst werden, von der seelischen Stimme «wegzuhören» – beispielsweise indem sie mit äusseren Reizen überflutet werden –, so dass sich keine gute Innenorientierung bilden kann. Auch kulturelle, religiöse und andere Glaubenssätze und äusserliche Rituale können ihnen die innere Orientierung derart erschweren, dass das Ich irgendwann aufgibt und sich den vorgegebenen Denk- und Verhaltensformen anpasst. Andere Menschen wiederum stellen sich in bestimmten Situationen hinsichtlich des Gewissens absichtlich taub. Sie entschliessen sich, zum Beispiel im beruflichen Kontext, nicht auf die Stimme des Gewissens zu hören. Sei es, dass ihr Ego sie dazu bewogen hat, sei es ein dunkles Umfeld, dem sie sich anpassen, sie liefern sich damit den dunklen Energien aus – ein Teufelskreis beginnt.

Der Schritt aus der spirituellen Dunkelheit auf **die erste Stufe, den Zustand, in welchem man Licht und Dunkelheit bewusst erkennen und unterscheiden kann** und dies auch tut, besteht darin, **die Stimme des Gewissens hören zu lernen.** Sie mahnt unter anderem:

- es ist unrecht, jemanden zu verletzen, körperlich oder mit Worten,
- es ist unrecht, jemanden zu belügen,
- es ist unrecht, jemanden zu betrügen,
- Liebe ist der Weg.

Sich an das Gewissen im Inneren zu wenden kann zu Erkenntnissen und Antworten führen, welche Aspekte einer Tradition, die einen prägte, relativieren und sie als Fesseln und Scheuklappen entlarven. Dies wiederum eröffnet die Möglichkeit, sich von ihnen zu befreien. Meist ist nicht die Tradition – sofern es sich um eine auf Weisheit gewachsene handelt – irreführend, sondern das, was einzelne falsche Propheten, von ihrem Ego getrieben daraus gemacht haben. Mit dem «heiligen Krieg» zum Beispiel, der in gewissen Religionen «gegen die Ungläubigen» thematisiert wurde, war in diesen Traditionen ursprünglich der Kampf gegen die eigenen destruktiven Tendenzen wie Wut, Gier, Neid und andere gemeint – eine individuelle spirituelle Praxis also.

Wer auf der ersten Stufe zum Lichtvollen seinen Stand gefunden hat, das heisst, wer auf die Stimme des Gewissens hört, kann den Schritt auf die nächste Stufe tun. Jeder einzelne dieser grossen Schritte ist wichtig, denn – wie Elisabeth Haich sagt – Entwicklungsstufen kann man nicht überspringen. Der Schritt auf **die zweite Stufe, den Zustand, in welchem man seine Energien lichtvoll lenken kann** (siehe Darstellung auf der folgenden Seite), beinhaltet, **sich bewusst für das Lichtvolle zu entscheiden.** Dies ist der zentrale

Schritt auf dem inneren Entwicklungsweg, da er die grundlegende Entscheidung für die Richtung darstellt.

4) sich Selbst als Licht erkennen

3) dem Licht vertrauen

zulassen, dass das
Licht einen lenkt

2) seine Energien lichtvoll lenken

sich bewusst für das
Lichtvolle entscheiden

1) Licht und Dunkelheit bewusst
erkennen und unterscheiden

die Stimme des Gewissens
hören lernen

spirituelle Dunkelheit

Die Entscheidung für das Lichtvolle – das Thema dieses Kapitels – entfaltet ihre Wirkung in jedem Aspekt unseres Seins, zum Beispiel im Bereich der Gedanken. Gedanken lichtvoll zu lenken bedeutet beispielsweise, negative Gedanken nicht weiter zu pflegen, sondern **das Positive zu erfragen**. Man fragt ganz direkt: Ich erlebe ..... (das Negative) und was ist das Positive daran? Die Frage kann in verschiedenster Weise abgewandelt werden: Wie kann ich das zum Guten führen? Welche Chance liegt darin? und weitere mehr. Wer einmal Geschmack daran gefunden hat und dies öfters praktiziert, nimmt mit Freuden wahr, wie viel Lebensqualität er damit hinzugewinnt. Und falls alte Zweifel auftauchen: Was ist das Positive an meinen Zweifeln?

Eine weitere Möglichkeit, Gedanken lichtvoll zu lenken, besteht darin, gezielt **sich Schönes und Positives vorzustellen**. Man stellt sich das erwünschte Positive (zum Beispiel Frieden an einem bestimmten Ort) vor, selbst wenn man andere Bilder gesehen hat oder negative Stimmen im eigenen Kopf einem das ausreden wollen. Oder man stellt sich kommendes Schönes (zum Beispiel kommende Ferien, auf die man sich freut) als Gegenwart vor. Wer dies ernsthaft übt, wird vielleicht damit konfrontiert, dass er gewohnheitsmässig negativ denkt und eröffnet sich so die Möglichkeit, dies bewusst zu verändern. Die beschriebenen Vorgehensweisen schaffen Platz für positive Energien in der Psyche und schwächen damit eine negative Ausrichtung. Dadurch können sich auch negative Interpretationen und ihre Tendenz, zu sich selbst erfüllenden negativen Prophezeiungen zu werden, verändern.

Gedanken können sich zu Überzeugungen verfestigen: Das – ist – so. Deren Wahrheitsgehalt kann sich allerdings mit der Zeit verkleinern oder schon von Anfang an gering sein, denn das Leben fliesst und verändert sich. Somit ist es sinnvoll, (vor allem negative)

eigene Überzeugungen zu hinterfragen. Geeignete Fragen sind: Kann ich das wirklich wissen? Wer sagt das? Tut es mir gut, so zu denken? und ähnliche mehr.

Es lohnt sich, die eigenen Gedanken zu beobachten und sie lichtvoll zu lenken, denn, wie Sathya Sai Baba sagt:

Aus einem Gedanken

entsteht eine Tendenz,

aus einer Tendenz

entsteht eine Gewohnheit,

aus Gewohnheiten

entsteht der Charakter,

aus dem Charakter

entsteht das Schicksal.

In anderen Bereichen unseres Seins, im körperlich-energetischen Bereich und im Bereich der Gefühle können wir ebenso lichtvoll lenkend eingreifen. Mit dem körperlich-energetischen Bereich ist unser Organismus gemeint. Er besteht aus Materie: aus dem Knochengerüst und den Gelenken, den Muskelfasern und Sehnen, den inneren Organen und den Sinnesorganen, den Körperflüssigkeiten und weiterem mehr. Die verschiedenen Bestandteile geben Halt, bewegen, nehmen auf, wandeln um, bauen ab – ein **System** von grosser Komplexität. Darin enthalten sind zudem Energien verschiedenster Subtilitätsgrade. Die einen lassen sich wie Elektrizität messen, andere kann man spüren und weitere können nicht mal erspürt, sondern höchstens erahnt werden.

Auch in diesem materiell-nichtmateriellen System, welches zudem mit anderen Systemen energetisch verbunden ist, können die

Energien lichtvoll gelenkt werden. Dafür wurden im Laufe der Geschichte viele Methoden wie Hatha Yoga, Qi Gong und andere mehr entwickelt. Teilweise beziehen sie den Atem mit ein, teilweise nicht; bei manchen steht die Körperhaltung und -bewegung im Vordergrund, bei anderen sind es innere Visualisierungen. Einig sind sich die meisten dieser Methoden, dass der Energiefluss entlang der Wirbelsäule zentral wichtig ist und dass Energiebahnen («Meridiane») den Organismus durchziehen. Für das Pflegen des guten Fliessens der Energie wurden daher in den Traditionen viele Übungen entwickelt, womit man die Energien sorgsam und heilsam lenken kann. Sie sollten nur unter der Führung eines erfahrenen Lehrers / einer erfahrenen Lehrerin gelernt und geübt werden.

Eine der einfachsten Übungen, um den Energietonus im Organismus anzuheben und den lichtvollen Energien die Entfaltung zu erleichtern ist – Lächeln! Lächeln bringt Licht. Dabei geht es nicht um ein aufgesetztes Lächeln, mit dem man sich äusserlich freundlich gibt, obwohl man sich innerlich nicht so fühlt oder um ein gequältes Lächeln, mit dem man «gute Miene zum bösen Spiel macht». Es geht um ein feines und sanftes Lächeln, welches entsteht, wenn wir die liebevollen Herzensenergien unser Wesen durchdringen und nach aussen dringen lassen. Wenn's dir am Anfang schwer fällt, denk an etwas Schönes oder an jemanden, den du gern hast. Mit der Zeit wird Lächeln dann zu einer angenehmen Gewohnheit.

Ein weiterer Bereich, wo wir unsere Energien lichtvoll lenken können, sind wie erwähnt die Gefühle. In der Alltagssprache gibt es einen weitgehenden Konsens darüber, dass zum Beispiel Freundlichkeit, Zuneigung, Fröhlichkeit, Zufriedenheit zu den positiven Gefühlen gezählt werden, und beispielsweise Beklemmung, Ärger, Entrüstung, Verzweiflung zu den negativen. Bei Traurigkeit und (innerlichem) Schmerz wird's schwieriger, da sie an sich als negative Gefühle gelten, ihr Zulassen und das Fliessenlassen der Tränen jedoch lösend und befreiend wirken kann. Daher ist vermutlich auch bei Gefühlen das Unterscheiden zwischen dunkel und lichtvoll geeigneter als zwischen negativ und positiv. Im Speziellen tragen «Bauch-Gefühle», Variationen der Grundgefühle Angst und Wut, etwas Dunkles an sich, während «Herz-Gefühle», Variationen der Grundgefühle Freude und Schmerz, eher dem Lichtvollen zuzurechnen sind.

Der Umgang mit Gefühlen ist anspruchsvoll, denn sie breiten sich blitzartig und manchmal «wie aus dem Nichts» entstehend in der Psyche aus und beeinflussen unser Denken, Reden und Handeln kräftig. Die meisten Menschen tendieren daher schon früh im Leben und unbewusst zu bestimmten Verhaltensweisen, um sich von diesen Gefühlswogen nicht verschlucken zu lassen, sondern oben auf der Welle zu bleiben. Im Laufe der Zeit entwickelt daraus jeder seine Gewohnheiten, mit Gefühlen umzugehen – persönliche Strategien.

Strategien unterscheiden sich – ebenso wie Gefühle – bezüglich ihres «Dunkelheits-» beziehungsweise «Licht-Gehalts». Im Folgenden werden fünf Strategien des Umgangs mit Gefühlen dargestellt, von dunklen bis zu lichtvollen. Die Absicht dabei ist, das ganze Spektrum von Verhaltensmöglichkeiten aufzuzeigen, und nicht, die dunklen Strategien oder Menschen, die sie bevorzugt verwenden, abzuwerten. Manchmal greifen wir in emotionaler Not vielleicht zu einer dunkleren Strategie, um dann – auch aufgrund der erlebten Konsequenzen – daraus zu lernen. Wir erfahren in der eigenen Psyche beziehungsweise am eigenen Leib, wie Dunkelheit Dunkelheit anregt, und Licht Licht. Dadurch wächst unsere Sehnsucht nach dem Licht. Auf diesem Weg meistern wir die Lernaufgaben unseres

Charakters immer besser und beeinflussen damit unser Schicksal immer lichtvoller.

Die erste Strategie ist Verdrängen. Verdrängen bedeutet, ein Gefühl nicht wahrhaben zu wollen. Zur Gewohnheit geworden geschieht dies unbewusst: Kaum wird ein Anflug eines heiklen Gefühls wahrgenommen, wird es aktiv zur Seite geschoben. Manchmal stehen solche Gefühle im Zusammenhang mit traumatischen Erfahrungen. Auf diese Weise schützt sich das Ich davor, das schlimme Gefühl wieder zu erleben, doch die Gefühlsenergien bleiben im Inneren weiterhin gespeichert. Sie bauen sich wie Atommüll nur langsam ab und stellen somit für den betreffenden Menschen eine Zeitbombe dar. Um Gefühle, die «automatisch» verdrängt werden wieder zulassen zu können, ist meist fachlich hochqualifizierte Hilfe wie eine gute Psychotherapie nötig.

Die zweite Strategie ist Ausagieren. Ausagieren unterscheidet sich von Verdrängen vor allem dadurch, dass man das Gefühl sich manifestieren lässt, meist nach aussen, bisweilen auch nach innen. Noch bevor das Gefühl bewusst wahrgenommen wird, hat es sich bereits als Handlung manifestiert, zum Beispiel als Wutausbruch, der einem nachher vielleicht Leid tut. Ausagierte Gefühle bleiben im Moment der Manifestation unreflektiert; die innere Gefühls-Steuerung ist derart programmiert, dass, wenn immer ein Gefühl entsteht, ihm sofort erste Priorität eingeräumt wird. Es wird dann sofort zugelassen beziehungsweise «herausgelassen».

Manche setzen sehr auf diese Strategie und verteidigen sie vehement. Sie scheint gesünder als Verdrängen zu sein, da die Gefühlsenergien innerlich nicht gestaut und gespeichert werden. Andererseits kann im Ausagieren auch «viel Geschirr zerschlagen» werden, welches dann mühsam wieder zusammengelesen werden muss. Gefühle auszuagieren ist das gesunde Verhalten von kleinen

Kindern. Für sie ist das normal. Für Erwachsene ist diese Strategie – vor allem, wenn es um dunkle Gefühle geht – nur in Ausnahmefällen sinnvoll. Da sie meist unbewusst gelebt wird («Ich bin einfach so!»), wird sie nicht als **eine von mehreren** möglichen Strategien erkannt und ist somit für die Betreffenden erst über viel Leid einer Veränderung zugänglich.

Einige suchen den Ausweg aus dem Dilemma am falschen Ort: im virtuellen Raum und im eigenen Innenraum. Sie agieren dunkle Energien am Bildschirm beziehungsweise im eigenen Kopf aus. Meist wird das dann mit «es ist ja nur ein Spiel» oder «ich hab's mir ja nur vorgestellt» verharmlost. Das stimmt, andere kommen in diesem Fall, wie es scheint, nicht zu Schaden. Mindestens die eigene Psyche aber nimmt Schaden. Es entsteht eine Öffnung für dunkle Energien und die Hemmschwelle, im realen Leben im Sinne dieser dunklen Energien zu handeln sinkt.

Mit der dritten Strategie wird nun eine gewisse Stufe der Bewusstheit, der Selbstführung und des «Licht-Gehaltes» einer Strategie erreicht. Sie beinhaltet, ein Gefühl wahrzunehmen und kontrolliert damit umzugehen. Die Schwierigkeit dabei ist, dass ein Gefühl, wie bereits erwähnt, im Nu die ganze Psyche überflutet. Man kann sich selbst indes trainieren, in der Anlaufphase eines Gefühls sehr deutlich dessen Qualität wahrzunehmen und dann bewusst einen kontrollierten Weg zu gehen, zum Beispiel:

- das Gefühl dosiert in eine Handlung umsetzen (ein «kontrolliertes Ausagieren» sozusagen); beispielsweise kann aufkommende Frustration über körperliche Bewegung abgebaut werden.
- das Gefühl mit Worten benennen; dabei ist, wenn das Gefühl im Kontakt mit jemandem angeregt wird, wichtig, eine Ich-Aussage zu machen, also nicht «du ..... (Schimpfwort)

ärgerst mich», sondern «ich ärgere mich über dein Verhalten».

- sich dafür entscheiden, das Gefühl im Inneren zu behalten, also weder in seinem Sinn zu handeln noch darüber zu sprechen; dies kann eine bewusste Entscheidung sein, um die eigene Privatsphäre zu schützen. Beispielsweise entscheidet sich jemand dafür, seine Traurigkeit vor anderen nicht zuzulassen, sondern zu warten, bis er alleine ist.

Eine Analogie für diese Strategie ist «der Hund an der Leine». Man liebt ihn oder ärgert sich gerade über ihn, er darf mit dem Schwanz wedeln oder knurren oder bellen, doch er bleibt an der Leine, das heisst unter Kontrolle. Diese Kontrolle wird nicht aufgegeben; das Gefühl wird wahrgenommen und es hat sich der Entscheidung des Ichs zu fügen.

Spürst du, obwohl von Kontrolle die Rede ist, wie viel Freiheit darin liegt? Du entscheidest frei, wie du mit dem entstandenen und wahrgenommenen Gefühl umgehst. Falls du dich allerdings sehr oft dafür entscheidest, ein wahrgenommenes Gefühl drin zu behalten, solltest du überprüfen, ob du vielleicht eine Art «bewusstes Verdrängen» praktizierst. Auch ein Hund braucht ja öfters mal Auslauf, einfach an Orten, wo dies gut möglich ist.

Mit fortschreitender Übung, sich zu entscheiden, wie man mit dem eben wahrgenommenen Gefühl umgehen will, wächst die innere Gelassenheit. Eine buddhistische Weisheit sagt:

Wozu sich über etwas aufregen,

wenn eine Situation sich retten lässt?

Und ist eine Situation nicht zu retten,

was hilft es dann, sich aufzuregen?

Die dritte Strategie beinhaltet somit bereits Möglichkeiten, die Gefühlsenergien lichtvoller zu lenken. Noch mehr ist dies bei der vierten, mit der dritten verwandten Strategie der Fall: ein Gefühl wahrnehmen und sich im positiven Sinne davon distanzieren. Das Verb «sich distanzieren» wird in der Alltagssprache vorwiegend negativ verwendet, im Sinne von sich zurückziehen, von jemandem oder von einer Sache abrücken, oft aus Empörung, Enttäuschung oder auch als Taktik. Es gibt jedoch, wie schon im Kapitel 2 erwähnt, ein positives Sich-Distanzieren, nämlich das Schaffen eines respektvollen Abstandes, um frei von Verstrickung in Beziehung treten zu können. Dies setzt ein hohes Mass an Selbstreflexion voraus. Man nimmt das Gefühl, welches sich im Moment innerlich manifestiert, wahr, taucht aber nicht in dieses Gefühl ein, sondern bleibt sozusagen auf dem trockenen Boden stehen. Aus diesem Ort der Freiheit nimmt man das Gefühl liebevoll ernst.

Eine Analogie für diese Strategie ist «Mutter und Kind». Ein Beispiel: Die Mutter schaut ihr Kind an und sieht, dass es weint. Sie sagt: «Ich sehe, dass du traurig bist», und lächelt das Kind an. Wenn sie spürt, dass es für beide stimmt, nimmt sie es auch liebevoll in den Arm. Das Kind erlebt die Mutter in dieser Situation als starkes und zugewandtes Gegenüber, das ihm Sicherheit vermittelt. Es fühlt sich bestätigt, dass es so sein darf, wie es ist. Wenn die Mutter stattdessen in Angst verfallen oder mitweinen würde, hätte das Kind keinen ruhigen Pol, an welchem es sich orientieren könnte. Die ausgeglichene Kommunikation der Mutter – diese Kombination von liebevoll zugewandt und zugleich in der eigenen Freiheit ruhend – lässt auch das Kind ruhig werden.

Im Umgang mit beispielsweise eigener Traurigkeit kann die vierte Strategie also bedeuten: du fühlst dich traurig; zugleich distanzierst du dich im positiven Sinne davon und schaust liebevoll auf die eigene Traurigkeit. Auf diese Weise kannst du – akzeptierend und in liebevollem Kontakt mit dir selbst – sagen: «In mir ist Traurigkeit.» Weder verdrängst du deine Traurigkeit (oder deine Wut, deine Angst oder ein anderes Gefühl), noch lässt du dich von ihr überschwemmen. Als innerer Elternteil umarmst du dein inneres Kind, welches in Not ist. Dies entspricht einer überlieferten buddhistischen Technik, die darin besteht, innerlich das Negative, Dunkle mit dem Positiven, Lichtvollen zu umhüllen. So kann man sogar, beim gleichen Beispiel bleibend «lächelnd das Gefühl von Traurigkeit in sich akzeptieren»!

Die fünfte Strategie beinhaltet das Verwandeln eines negativen Gefühls ins Positive. Die Verwandlung geschieht mit Hilfe einer innerlichen Visualisierung. Dabei wird Licht – das innerliche Sich-Vorstellen von Licht – als transformierende Kraft eingesetzt. Dieses bewusste aktive Umwandeln des Dunklen ins Lichterfüllte kann als innere Alchemie bezeichnet werden. Sathya Sai Baba hat im Buch «Sai Baba spricht zum Westen» von Stephan von Stepski-Doliwa (siehe Literaturverzeichnis; S. 258) eine meditative Übung zur Umwandlung von Aggression zur Verfügung gestellt, Phyllis Krystal in ihrem Buch «Die inneren Fesseln sprengen» (siehe Literaturverzeichnis; S. 218 - 220) eine ebenso potente Übung zur Umwandlung von Angst.

Wer die lichtvolleren Strategien (die dritte, vierte und fünfte) meistert, das heisst, wer dunkle Energien aus dem emotionalen Erfahrungsbereich, sowie auch aus dem mentalen und körperlich-energetischen Erfahrungsbereich lichtvoll lenken kann, wächst in ein Vertrauen zum Lichtvollen hinein. Die Entscheidung für das Lichtvolle hat sich für ihn bewährt, denn seine Erfahrungen zeigen ihm, dass überall in seinem Alltag, wo das Licht in ihm die Führung übernimmt, sich alles zum Guten wendet.

Darin kündigt sich der nächste Schritt auf dem Weg zum Licht-vollen an. Der Schritt auf **die dritte Kompetenzstufe, den Zustand, in welchem man dem Licht vertraut**, besteht nicht mehr im «Ma-chen», sondern im «Lassen», im **Zulassen, dass das Licht einen lenkt**. Einen solchen Paradigmenwechsel vom Machen zum Lassen kann man nur dann leichten Herzens vollziehen, wenn man zuvor intensiv geübt hat, seine Energien lichtvoll zu lenken.

Das Licht wird auf der ersten Stufe grundsätzlich als existierend akzeptiert: Ja, neben der Dunkelheit gibt es auch Licht. Auf der zweiten Stufe wird es als Kraft erkannt, die man benutzen und als Instrument für positive Veränderung einsetzen kann. Erst wenn man das «Menschenmögliche» damit erreicht hat, wird einem klar, dass das Licht grösser ist als das Ich. Das Licht ist mehr als ein Instrument des Menschen; in Wahrheit ist der Mensch ein Instrument des LICHTS! Das LICHT arbeitet allerdings äusserst respektvoll durch sein Instrument, denn dieses hat seinen freien Willen. So liegt es an uns, ihm unsere Einwilligung zu geben.

Erreichen einer nächsten Stufe wirkt sich auch im eigenen Alltag segensvoll aus. Beispielsweise kann jemand, der gelernt hat, seine Energien lichtvoll zu lenken, nun auf dieses Potenzial in anderen Menschen aufmerksam werden und es in ihnen unterstützen, nicht nur in Begegnungen mit Bekannten und Freunden, sondern auch mit Kunden, Klienten und Patienten. Und wenn man dem Licht vertraut, hat man auch weniger Angst um andere Menschen. Viel-leicht betet man für sie – nicht aus Angst, sondern aus Liebe. Man betet dabei nicht zu etwas weit Entferntem, sondern zum allgegen-wärtigen Lichtvollen.

Für den Volksmund war die lichtvolle Natur des Menschen schon immer selbstverständlich; er spricht von der «Aura» eines Menschen oder von jemandes «Ausstrahlung» sowie vom «Heiligenschein». Auch wenn die meisten Menschen diese Phänomene noch nicht bewusst wahrnehmen, sie sind real.

Im Erklimmen der dritten Stufe werden auch die letzten noch verbliebenen Ego-Energien herausgefordert. Das Ego vertraut sich nicht freiwillig dem LICHT an; wir haben die Aufgabe, es tatsächlich loszulassen beziehungsweise aktiv abzubauen. Somit ist die zweite Lebenshälfte – die Zeit des Egoabbaus – zugleich eine Chance, das Vertrauen zum Lichtvollen aufzubauen. Wir hoffen, dass im Sterbeprozess das LICHT uns erlöst – bereiten wir uns also in der zweiten Lebenshälfte darauf vor, indem wir die Beziehung zum Lichtvollen aufnehmen und vertiefen!

Das Erreichen der **vierten Kompetenzstufe, dem Zustand, in welchem man sich selbst – das Selbst – als Licht erkennt**, entzieht sich unserem direkten Einfluss. Die Frucht, die aus dem Vertrauen erwächst, ist das Bewusstwerden des Einseins mit dem Lichtvollen.

Fragen zur Reflexion und Integration:
- Will ich die Stimme des Gewissens hören? Wenn ja, warum? Wenn nein, warum nicht?
- Habe ich mich für das Lichtvolle entschieden? Wenn ja: was bedeutet das für mich? Wenn nein: was hindert mich daran?
- Welches ist meine Standard-Strategie im Umgang mit meinen Gefühlen? Wie stehe ich zur nächstlichtvolleren Strategie?

4 Die Beziehung zum Göttlichen klären

Gott ist. Welche Beziehung wählen wir?

Kaum ein Thema wird so kontrovers diskutiert, so weiträumig umgangen oder in einem solch grossen Mass für Schandtaten des Egos missbraucht wie die Beziehung zum Göttlichen. Und kaum ein Thema berührt uns derart im Innersten – kein Wunder, denn das Göttliche **ist** das Innerste, das Subtilste.

Wie aber kann ein Thema, welches das Fassungsvermögen unseres Verstandes übersteigt besprochen werden? Wie kann der Wissenschaftler die Substanz beschreiben, aus der die kleinsten bisher bekannten Atombausteine bestehen? Wie kann der Bauer über die Kraft reden, welche die Saat in der Erde zum Keimen bringt? Es kann nur in Annäherungen geschehen. Oder die Weisheit kommt ins Spiel. So besteht dieses Kapitel einerseits aus Annäherungen an das, was jenseits unserer Wahrnehmungsgrenze ist, andererseits werden darin Weisheiten der Veden aus den Lehrreden von Sathya Sai Baba und aus «Sathya Sai Vahini» (siehe Literaturverzeichnis) zitiert.

Eine Frage, die viele Menschen vor allem in Zeiten von grossem Leiden beschäftigt, ist, ob es «Gott» überhaupt gibt. Sie stellen die Beziehung zum Göttlichen in Frage. Weshalb greift «Er» zum Beispiel nicht ein, wenn Ungerechtigkeit, Gewalt und Unfrieden sich manifestieren? Wir sind empört über das Dunkle, das sich in der Welt manifestiert oder uns angetan wird; wir vergleichen es mit dem Lichtvollen, das uns vielleicht im Zusammenhang mit Gott gepredigt wurde und können es nicht zur Deckung bringen. Wir fordern ihn – den wir nicht kennen – heraus, uns oder anderen zu helfen, doch wir sehen und hören ihn nicht und sind frustriert.

Vielleicht aber fixieren wir uns etwas zu sehr auf Äusserlichkeiten und lassen uns selbst wenig Zeit, innezuhalten und innere Zusammenhänge zu erkennen. Sathya Sai Baba macht das in einem (englischen) Wortspiel deutlich und zeigt auf, dass manche Menschen in ihrem Nicht-sogleich-Finden zum Schluss kommen: «God is nowhere» (übersetzt: Gott ist nirgends). Ein prominentes Beispiel dafür lieferte jener Astronaut, der nach seinem Flug ins Weltall verkündete, er habe überall nach Gott Ausschau gehalten, ihn aber nirgends gesehen.

Ein Zeitgenosse kommentierte das daraufhin so: Wie kann man ins Weltall blicken, wo Planeten mit mathematisch berechenbarer Präzision ihre Bahnen ziehen; wie kann man auf ein majestätisches Bergpanorama schauen; wie kann man das Lächeln eines Kindes sehen, welches einen voll Vertrauen anstrahlt; wie kann man einen Tautropfen im Licht der Morgensonne erblicken, in welchem sich die ganze Natur spiegelt – und Gott **nicht** sehen?

Der rasende Lauf der Welt zieht unsere Aufmerksamkeit und damit auch einen Grossteil unserer Energien auf sich. Da ist es sinnvoll, den Fokus der Aufmerksamkeit immer wieder mal zu sich zurückzunehmen, sich Zeit zu lassen und etwas tiefer zu atmen beziehungsweise im englischen Ausspruch von vorhin zwischen zwei Buchstaben etwas Raum zu lassen, und schon wird im zweiten Teil des Wortspiels daraus «God is now here» (übersetzt: Gott ist jetzt da)!

Dies entspricht einer ersten Stufe der Beziehung zum Göttlichen: Man kann sich vorstellen, dass das Göttliche «irgendwie» beziehungsweise «irgendwo» existiert; man hält es für möglich oder wahrscheinlich. Man denkt, dass es Gott gibt. Damit **bejaht man die Beziehung**. Sie kann auf zwei Arten gelebt werden: persönlich oder unpersönlich.

Die persönliche Gottesvorstellung kann aus Erfahrungen mit vorbildhaften Menschen aufgebaut werden, die man im Laufe seiner Entwicklung kennengelernt hat. Sie formt sich zu einer innerlichen Eltern- oder Autoritätsfigur, im Positiven und im Negativen. Eine weitere Möglichkeit stellt das Auswählen eines allgemein anerkannten Vorbildes dar, zum Beispiel Jesus, Maria, Buddha oder Heilige der spirituellen Traditionen. Die Beziehung ist eine ganz persönliche; das bedeutet auch, dass sie von anderen Menschen nicht unbedingt nachvollzogen werden kann, denn jeder schaut aus seinem persönlichen Blickwinkel.

Die unpersönliche Gottesvorstellung basiert im Fall der Veden auf dem Ansatz: «Gott ist überall. Er hat keine spezielle Form. Gott lebt in allem.» So wie die Zahl Eins in allen Zahlen enthalten ist, so wie der elektrische Strom die verschiedensten Leuchtkörper zum Leuchten bringt, so ist das Eine im Vielen enthalten. Wir sind uns allerdings eher gewohnt, die Vielheit statt der Einheit wahrzunehmen. Wir kategorisieren, teilen ein, unterscheiden und finden immer noch mehr Unterscheidungsmerkmale – der Weg der Wissenschaft. Manches ist jedoch nicht sichtbar und messbar. Die Wurzeln eines Baumes beispielsweise sind unserem Blick verborgen; dennoch bilden sie seine Basis und geben ihm Nahrung, Wasser und Stabilität. Da wir das unpersönliche Göttliche nicht direkt sinnlich erkennen können, behelfen wir uns zum Beispiel mit der Vorstellung des Göttlichen als einer «Kraft» in uns, die uns belebt – **die Lebenskraft**.

Wir gestalten unsere persönliche Gottesbeziehung so, wie wenn ein – zwar mächtiges, aber auch vertrautes – Gegenüber da wäre, das heisst, wir legen ihm unsere Anliegen dar, stellen Forderungen, zeigen auf, wo wir oder andere leiden. Einige Menschen gehen sogar so weit, dass sie Abkommen zu treffen versuchen im Sinne von «Wenn du ..... bewirkst, werde ich .....». Wir achten aufmerksam auf die Reaktion unseres Gesprächspartners: Werden die Wünsche erfüllt? Verbessert sich das, wofür wir gebetet haben? und manchmal scheint es uns durchaus zu gelingen, eine Antwort im von uns gewünschten Sinne zu erhalten.

Die unpersönliche Gottesbeziehung scheint durch uns noch direkter beeinflussbar zu sein: Wir erleben, dass wir mit gewissen Substanzen, die wir zu uns nehmen, unsere Vitalität schwächen und sie mit anderen stärken können. Ebenso scheint es uns möglich zu sein, den Fluss der Lebenskraft zu lenken: Wir können damit bestimmte Körperregionen gleichsam «energetisieren», indem wir «heilende Energien» an diese Stellen lenken oder mit gezielten Übungen unsere allgemeine Vitalität verbessern.

Bedeutet das nun, dass es möglich ist, die Göttliche Lebenskraft, also das Göttliche zu beeinflussen, gar zu «manipulieren»? Die Antwort lautet: «ja und nein». Sie wird im Folgenden anhand eines Konzepts aus den Veden erläutert: Die Lebenskraft manifestiert sich in verschiedenen Subtilitätsgraden. In den Veden werden sie symbolisch als Schichten, ähnlich einem «Zwiebelschalenmodell» beschrieben. Das dafür verwendete Sanskritwort «kosa» bedeutet, dass das eine im anderen steckt, wie das zum Beispiel in der Ummantelung der Blätter in der Blattscheide der Fall ist.

Die äusserste Schicht (Sanskrit: annamaya kosa) besteht aus der Materie, dem sichtbaren Körper, mit dem Nahrung aufgenommen und verarbeitet wird. Die nächsttiefere, die zweite Schicht (Sanskrit: pranamaya kosa) ist die Vitalenergie. Das Wissen über sie hat sich im Westen vor allem durch die östliche Medizin (Ayurveda, Akupunktur, Qi Gong) verbreitet. Die dritte Schicht (Sanskrit: manomaya kosa), die Mentalschicht, ist noch subtiler als die vorhergehenden. Und Subtileres, Innerlicheres kann Äusserlicheres beeinflussen. So können Gedanken den Fluss der Vitalität beeinflussen und dieser die Gesundheit des Körpers.

Die vierte Schicht (Sanskrit: vijnanamaya kosa) wird Weisheitsschicht genannt. Sie transzendiert den Verstand und beinhaltet das Gewahrsein der inneren Zusammenhänge des Lebens. Die fünfte Schicht (Sanskrit: anandamaya kosa) hat die Qualität der unendlichen Freude, der reinen Glückseligkeit.

Das Zwiebelschalenmodell verdeutlicht die Tatsache, dass die «Substanz», aus der wir bestehen, von grobstofflichen Energien wie der Materie bis zu den allersubtilsten Energien reicht und benennt die einzelnen Schichten. Allerdings ist es – wie alle Modelle – in seiner Aussage durch seine Eigenheit in gewisser Hinsicht eingeschränkt: Das Feinstofflichere befindet sich nicht örtlich weiter im Inneren, sondern ist im Grobstofflicheren gleichsam enthalten; mit anderen Worten: die Energien verschiedener Subtilität durchdringen einander.

Um sich das besser vorzustellen, können wir auf unsere Alltagserfahrung mit den verschiedenen physikalischen Aggregatszuständen (siehe auch «Die 7 Lebens-Fragen», S. 185) zurückgreifen. So ist beispielsweise ein Stück Holz, welches einige Zeit im Wasser gelegen hat, mit Wasser vollgesogen; das bedeutet, das physikalisch «Subtilere», das Flüssige, ist im physikalisch «Gröberen», dem Festen enthalten. Ferner kann im Wasser ein Gas wie Sauerstoff gelöst sein; somit ist hier ebenfalls das physikalisch «Subtilere», hier das Gasförmige, im physikalisch «Gröberen», hier dem Flüssigen enthalten. Die Analogie ermöglicht auch, mehrere Subtilitätsstufen darzustellen: Gas, welches in Wasser gelöst ist, welches Holz durchdringt.

In der Kombination der vedischen Weisheit über die subtilen Energien und der physikalischen Analogie des Sich-Durchdringens erhellt sich auch die weiter oben gegebene Antwort auf die Frage nach der Manipulierbarkeit: Es ist – Antwort «ja» – möglich, Aspekte der Lebenskraft zu beeinflussen, allerdings nur in demjenigen Mass, in welchem man die entsprechende Subtilitätsstufe gemeistert hat! Das nicht Gemeisterte und vor allem die subtileren Manifestationen der Göttlichen Lebenskraft sind – Antwort «nein» – nicht beeinflussbar, nicht manipulierbar – Gott sei Dank!

Die zentrale Manifestation der Lebenskraft ist die Liebe. So wird das Göttliche auch mit Liebe gleichgesetzt: «Gott ist in jedem Wesen als Liebe gegenwärtig.» Wie auch immer ein Mensch sich gibt, wie auch immer er handelt, **in** ihm ist Liebe. Das lässt einen ahnen, weshalb Menschen und auch Tiere derart auf Liebe ansprechen – ihr inneres Wesen wird angesprochen!

Wie kommt es jedoch, dass oft das pure Gegenteil, zum Beispiel Wut, Hass und Gewalt im Vordergrund steht, obwohl wir alle im Innersten ja Liebe sind? Wir führen unser Leben vorwiegend mit Hilfe unseres Denkens, Fühlens und Empfindens; sie sind unsere Entscheidungshilfen. Doch Denken, Fühlen und Empfinden sind keine reinen Instrumente; sie wurden im Laufe unserer Geschichte in den vielen Erfahrungen auf der Suche unseres Weges gewissermassen «verunreinigt». Die Verunreinigungen sind nicht leicht zu erkennen, denn wir haben uns an sie gewöhnt. Sie können mit Smog verglichen werden, der die Sonne verdunkelt. Woraus besteht dieser Smog?

«Eine weise Frau, die in einem Aschram lehrte, führte ihre Schüler eines Tages zum Ganges, um ein Bad zu nehmen. Unterwegs sah sie einen Mönch, der im Schatten eines Baumes lag und den Kopf auf seine Wasserflasche gelegt hatte, damit sie ihm ja nicht abhanden käme. Die weise Lehrerin sah die Bindung des Mönches an die Flasche und sagte zu ihren Schülern: ‹Schaut! Dieser Mann nennt sich Mönch, doch er hat eine grosse Bindung an seine Flasche. Wie kann ein Mensch, der sich derart bindet, je Befreiung erlangen?› Der Mönch hörte die Worte, sagte jedoch nichts und überlegte sich eine Antwort.

Als die weise Frau mit ihren Schülern vom Fluss zurückkehrte und wieder beim Mönch vorbeikam, warf er ihr die Flasche vor die Füsse, um ihr zu zeigen, dass er nicht daran gebunden sei. Die weise Lehrerin sagte daraufhin zu ihren Schülern: ‹Schaut! Ich dachte, er sei nur von Bindung heimgesucht, aber er ist auch noch von Ego befallen. Seine Flasche auf diese Weise wegzuwerfen, zeigt nicht das Freisein von Bindung, es zeigt sein Ego.› Da verstand der Mönch und verneigte sich tief vor ihr.»

Ego und Bindung sind der Smog, der die Sonne des Göttlichen verbirgt. Sie werden durch ihre weite Verbreitung als alltäglich empfunden und kaum in ihrer störenden bis zerstörenden Qualität erkannt. Manchmal werden unsere Augen erst durch extreme Vorkommnisse geöffnet, zum Beispiel, wenn wir Menschen erleben, welche andere Menschen nur als «Schachfiguren» betrachten, Tiere nur als potenzielle Steaks auf dem Teller, Landschaften nur als «Bühnen» und «Geldmaschinen» für ihre ehrgeizigen Projekte. Sie ordnen alles den Prinzipien «ich, ich» und «mein, mein» unter.

Die Führung seines Lebens den Prinzipien von Ego und Bindung unterzuordnen schadet einem selbst und anderen – nicht aber dem Göttlichen! Das Göttliche bleibt davon unberührt; es ist der ewige

«Zeuge». Die Stimme der Veden: «Oh menschliche Wesen, oh göttliche Wesen! Ich habe das ganze Universum geschaffen und somit auch alle Objekte, die ihr zum Leben auf der Erde braucht. Ich gab euch das Wasser zum Trinken, die Luft zum Atmen, die Sonne, die euch wärmt, den Äther zum Hören. Ich habe die fünf Elemente nur für euch geschaffen. Erfreut euch an ihnen, so sehr ihr mögt. Ich erhebe keinen Einspruch dagegen. Ich habe euch alle Freiheiten gegeben. Ihr müsst auch keine Steuern dafür bezahlen. Aber ich habe eine Bedingung festgelegt: Wie auch immer ihr die fünf Elemente gebraucht, ihr werdet die Konsequenzen dafür tragen müssen. Gutes Tun wird gute Ergebnisse zeitigen, schlechtes Tun wird schlechte Ergebnisse zeitigen. Ihr solltet bereit sein, beides zu akzeptieren. Ich greife da nicht ein. Ihr werdet die Früchte eures Handelns ernten.»

Es gibt also laut den Veden keinen «bestrafenden» oder «belohnenden» Gott; jeder erfährt in der Gegenwart die Auswirkung seines eigenen vergangenen Handelns. Dieses Wissen kann sehr dazu beitragen, mit seinen Lebensumständen, wie auch immer sie sind, in Frieden zu sein. Man war Ursache, man erlebt die Wirkung. Dennoch scheint manch böses Wort, manch ungute Tat – auch von anderen – offensichtlich ungesühnt zu bleiben. Das liegt jedoch an der kurzfristigen Perspektive; langfristig gesehen geht in der karmischen Datenbank nichts verloren. Es ist genug Zeit in der Ewigkeit.

Wenn das Schicksal allerdings wie ein Punchingball unmittelbar zurückschlägt, soll man das positiv werten. Elisabeth Haich erläuterte einst in einer ihrer Lehrreden, es sei ein Zeichen von spirituellem Fortschritt, wenn man das erlebe, was mit der Redewendung «Gott straft sofort» ausgedrückt wird: das Schicksal lässt einen das, was man jemand anderem antat, sogleich selbst erfahren. Die karmische Schuld ist damit getilgt.

Zwei Beispiele von spirituellen Strategien, mit denen du negativem Denken und Handeln vorbeugen und damit gleich von Beginn an die gute Richtung einschlagen kannst: Die eine Strategie besteht darin, das Göttliche in allem zu sehen. Sie steht im Einklang mit der besprochenen Gottesvorstellung, dass Gott in allem lebt. Sieh das Göttliche in jeder Rasse und Religion, in der Natur und in Tieren und in jedem Mitmenschen, der dir begegnet – eine spirituelle Übung erster Güte! «Das Eine in allem zu erkennen ist wahre Spiritualität.»

Die andere spirituelle Strategie ist das zweifache Vergessen: «Vergiss, was andere dir Ungutes angetan haben und vergiss das Gute, das du anderen getan hast.» Das erste beugt Rachegefühlen vor mit all ihren möglichen unguten Folgen. Das zweite löst Erwartungen an andere auf, welche Keime für schwierige Verstrickungen sein können.

Die bisher besprochene erste Stufe der Beziehung zum Göttlichen, auf der wir grundsätzlich «Ja» sagen zur Beziehung weist Charakteristiken einer «partnerschaftlichen Zusammenarbeit» oder einer «Verwandtschaft» auf. Wie weiter oben dargestellt übertragen wir dabei unsere persönlichen Beziehungsmuster, die wir mit uns nahe Stehenden leben, auf die Beziehung zu Gott. Wir versuchen – hier kommt zudem noch der Aspekt unseres Verhaltens zu Mächtigen ins Spiel – über ihn die Erfüllung unserer Wünsche zu erreichen. Doch vielleicht ist Gott mehr als innerer Dialogpartner oder unerklärliche innere Kraft. Vielleicht ist die Vorstellung eines Gegenübers, das um Hilfe gebeten wird oder einer Kraft, die erschlossen werden kann in Bezug auf das Göttliche zu limitierend und es wäre angebrachter, sie zur Vorstellung eines allumfassenden «Bewusstseins» zu erweitern.

Die Veden lehren die Grösse des Göttlichen. Sie beschreiben das eigentlich nicht zu Beschreibende wie folgt: «Gott ist
- höchste Glückseligkeit
- absolute Wahrheit
- jenseits der Gegensatzpaare
- sich wie der Himmel ins Unendliche ausdehnend
- das Ziel, das mit dem Ausspruch ‹Das bist du› angesprochen ist
- das Eine ohne ein zweites
- der ewige Zeuge
- rein
- unveränderlich
- unerklärbar
- jenseits aller inneren Zustände.»

Die Veden lehren auch, dass das Göttliche ohne Anfang und Ende ist. Es schuf den Kosmos und **ist** zugleich der Kosmos. Es schuf ihn, erhält ihn und führt ihn nach dem Gesetz der Evolution in immer subtilere Zustände, bis es ihn mit sich verschmilzt, um sich dann nach und nach wieder bis ins Materielle zu manifestieren, und ewig so weiter. Somit ist auch die Schöpfung ohne Anfang und Ende. Das Ahnen dieser unvorstellbaren Grösse bereitet den Boden für eine neue Beziehung. Sie ist geprägt von **Demut**.

«Wie hoch ein Vogel auch in den Himmel steigt, früher oder später muss er sich auf einem Baumwipfel niederlassen, um Frieden und Erholung zu geniessen. So wird der Tag kommen, an dem auch die Hochmütigsten, die Eigensinnigsten, die Ungläubigsten und sogar jene, die behaupten, dass in der Kontemplation des Höchsten Selbst keine Freude oder kein Frieden liegt, beten werden: ‹Gott gewähre mir Frieden, gewähre mir Trost, Stärke und Freude.›»

Das Ich, welches dem Göttlichen sozusagen «auf Augenhöhe» begegnete, erkennt immer mehr die Grösse Gottes. Das verändert die Beziehung: Statt etwas zu erbitten oder zu fordern steht nun der Wunsch im Vordergrund, dem Göttlichen zu dienen. Menschen mit einer solchen Ausrichtung haben erkannt, dass sie ein Teil des Ganzen sind und sie tun ihr Bestes, im Sinne des Ganzen zu wirken. Sie definieren sich daher zum Beispiel als Instrument Gottes oder als Diener Gottes.

Anderen sträuben sich, wenn sie das hören, die Haare. Sie können nicht verstehen, wie man sich dem Göttlichen derart «ausliefern» kann. Sie sehen, wie Menschen in Machtpositionen ihre Macht missbrauchen und übertragen das instinktiv auf die Gottes-Beziehung. Das Göttliche ist jedoch nicht mit den vielen gesellschaftlichen Machtträgern zu vergleichen, die ihrer Rolle nicht gewachsen sind und ihre Position für ihre persönliche Befriedigung und Bereicherung ausnutzen.

Das Göttliche, der Schöpfer des Universums, ist der reine Diener, ist reine dienende LIEBE. Manche finden diese Liebe, oder zumindest Facetten davon in Propheten, in Heiligen, in grossen Meistern. Andere sehen sie in der Natur, im LEBEN, das uns alle belebt. Alle wollen dieser Liebe näher kommen. Die Motivation dafür wird nicht nur vom «Glauben», sondern auch von der persönlichen Erfahrung gestützt: Man setzt sich – zum Beispiel im Gebet – mit dieser Liebe in Verbindung und erlebt, wie sich Umstände des eigenen Alltags und sogar darüber hinaus zum Guten wenden können. So entsteht Vertrauen – in die **Führung von innen**. Selbst wenn dieses Vertrauen im Kontakt mit einem weisen heiligen Menschen angeregt wird, im Grunde vertraut man der durch diesen Menschen strahlenden Göttlichen Weisheit und Liebe. In der Tradition des Yoga entspricht dieser Weg dem «Bhakti-Yoga», dem Pfad der Hingabe an das Göttliche. Diese Hingabe stellt eine zweite Stufe der Beziehung zum Göttlichen dar: **sich dem Göttlichen anvertrauen.**

Sich der inneren Göttlichen Führung anzuvertrauen bedeutet nicht, dass man nun die Hände in den Schoss legen und darauf warten kann, dass einem das Göttliche alle Arbeit abnimmt. Wer in eine höhere Schulstufe, zum Beispiel eine Universität wechselt, kann es damit nicht auf sich beruhen lassen. Im Gegenteil: Die grosse Arbeit beginnt erst beziehungsweise sie geht weiter und vertieft sich. Jede neue Entwicklungsstufe beinhaltet mehr Verantwortung in Bezug auf das eigene Denken, Reden und Handeln, denn wir gewinnen damit Zugang zu mehr Weisheit und persönlicher Macht. Sie sollen im Sinne des Göttlichen eingesetzt werden und nicht das Ego stärken. Daher ist es wichtig, die Stimmen des Gewissens und der Intuition immer genauer hören zu lernen und sie von der Stimme des Verstandes zu unterscheiden, sowie sich immer mehr am Lichtvollen zu orientieren.

Dennoch können Hindernisse auftauchen: Vielleicht verschlimmert sich eine unbefriedigende berufliche Situation oder Probleme in der Familie und im Freundeskreis eskalieren oder eine gesundheitliche Schwierigkeit verschärft sich oder anderes mehr. Wir sind innerlich im Dialog mit dem Göttlichen, wir bitten, ja wir flehen – und es verändert sich scheinbar nichts.

Unsere Erfahrung lehrt uns, dass schwierige Lebenslagen auch Gelegenheiten sind, neue Wege zu finden und neue Fähigkeiten zu entwickeln. In Bezug auf unsere Gottesbeziehung im Speziellen beinhalten Krisensituationen auch die Aufgabe, «das Göttliche nahe zu wissen», denn manchmal, in Zeiten von Schmerz und Verzweiflung, stellen wir uns das Göttliche weit weg von uns vor. Diese Vorstellung bildet unser Gefühl der «Gottverlassenheit» ab. Ihre Kehrseite – auch wenn es noch so verständlich ist, so zu fühlen –

besteht darin, dass wir mit dieser Vorstellung das Göttliche auf Distanz halten! Doch ist es wirklich sinnvoll, einen grossen Abstand zwischen uns und dem Göttlichen zu schaffen – es sich weit weg vorzustellen –, um es dann wieder zu suchen? Die Veden sprechen Klartext über die Nähe zum Göttlichen: «Das Göttliche ist über dir, unter dir, um dich herum und in dir.» Man kann dies übersetzen mit: Das Göttliche führt dich, trägt dich, schützt dich und lebt in dir. Damit wird ein intimes Verbundensein mit dem Göttlichen postuliert.

Weiter vergleichen die Veden das Göttliche mit dem Feuer, den Menschen mit einem Funken, das Göttliche mit dem Ozean, den Menschen mit einer Welle. Betrachten wir das Wellen-Gleichnis etwas detaillierter: Eine Welle steigt aus dem Ozean empor – ein Mensch inkarniert sich. Form und Grösse der Welle stehen beispielsweise für den Körper, die Bewegungsdynamik der Welle entspricht der Persönlichkeit, dem Ich des Menschen. Sein Ego sagt: Ich bin diese Welle – und **nur** diese Welle! Sie ist Wind und Wetter ausgesetzt und nach einer kurzen Zeit sinkt sie wieder in den Ozean zurück – die Inkarnation dieses Menschen endet. Die Welle ist verschwunden; sie ist wieder Ozean geworden. War sie je etwas anderes?

Im Unterschied zur Form indes bleibt die Bewegungsdynamik der Welle – wenn auch in leicht veränderter Weise – erhalten und eine ähnliche Welle – ein etwas verändertes Ich – entsteht und vergeht. Wie oft muss sich die der Welle zu Grunde liegende Schwingungskonstellation als Welle manifestieren, bis sie ihre wahre Beziehung zum Ozean erkennt?

Das Göttliche wird in den Veden als «Sein – Bewusstsein – Glückseligkeit» (Sanskrit: Sat – Chit – Ananda) beschrieben. «Sein» ist der unveränderliche Zustand, dem die Zeit nichts anhaben kann;

er ist ewig. «Bewusstsein» ist das absolute Gewahrsein der Wahrheit von allem. «Glückseligkeit» entsteht aus der Vereinigung von «Sein» und «Bewusstsein»; es ist reines und ewiges Glücklichsein. Die drei sind Attribute des Einen, so wie zum Beispiel eine Flamme die drei Attribute Wärme, Licht und Farbe in sich vereint.

«Aus dem Göttlichen Ozean ‹Sein – Bewusstsein – Glückseligkeit› erheben sich die unendlich vielen Wellen menschlicher Wesen. Jedes von ihnen besitzt die Göttlichen Attribute ‹Sein – Bewusstsein – Glückseligkeit›. Das einzelne Wesen mag wie die Welle im riesigen Ozean winzig erscheinen, doch der Unterschied zwischen Welle und Ozean besteht nur in der äusseren Grösse, nicht im inneren Gehalt. Die Göttlichkeit des Menschen und die Göttlichkeit Gottes ist dieselbe.»

Als individuelles Ich lernen wir im Laufe unserer Entwicklung in den verschiedenen Inkarnationen, uns immer mehr mit dem Göttlichen zu identifizieren. Identifikation mit dem Ego schafft Trennung und Gegensatz; Identifikation mit dem Selbst, der Göttlichen Seele schafft Einheit. «Wahrnehmen der Einheit ist Weisheit.»

Dies entspricht einer dritten Stufe der Beziehung zum Göttlichen: **die Einheit mit dem Göttlichen anerkennen.** Es ist der Schritt von «Gott als Du» zu «Gott als Ich». Natürlich ist damit weder krankhafte Selbstüberschätzung noch verbrecherische Egozentriertheit gemeint, sondern reines lichtvolles demutsvolles Herzenswissen, welches über die Entwicklungsstufen des Zweifelns, des Sich-Ausrichtens auf das Göttliche, des Sich-Anvertrauens bis zum Erkennen der Einheit erworben wurde.

Wenn wir uns selbst – das Selbst, das wir sind – als Göttlich wissen, können wir das Göttliche in allen Wesen, in Menschen und Tieren, ja sogar in Pflanzen und Mineralien sehen und lieben. Wir erkennen dadurch die spirituelle Einheit aller Wesen. Elisabeth Haich (siehe Literaturverzeichnis; S. 432) beschreibt die Essenz ihrer Einweihung wie folgt: «Das Selbst ist das Leben und die einzige Wirklichkeit, und wer in das Selbst eingeweiht ist, was soviel bedeutet, dass er sich selbst vollkommen erkannt hat, liebt alles und alle gleich, denn er ist eins mit ihnen.»

Einssein mit dem Göttlichen entspricht der Denkschule des Non-Dualismus (Sanskrit: Advaita). Sie ist das grosse Thema in den Veden. Sathya Sai Baba – ein Meister im Formulieren von Essenzen – fasst die grosse Fülle der Wahrheiten in jeder Veda zu je einer prägnanten Aussage zusammen:

- «Das Göttliche ist das höchste Bewusstsein.» (Sanskrit: Prajnanam Brahma) ist die Essenz der Rig Veda.
- «Ich bin das Göttliche.» (Sanskrit: Aham Brahmasmi) ist die Essenz der Yajur Veda.
- «Du bist Das.» (Sanskrit: Tat twam asi) ist die Essenz der Sama Veda; mit «Das» ist das Göttliche gemeint.
- «Die Seele ist das Göttliche.» (Sanskrit: Ayam Atma Brahma) ist die Essenz der Atharvana Veda.

Alle Essenzen betonen die Einheit.

Das Ziel menschlicher Entwicklung ist Einheit mit dem Göttlichen zu erreichen. Sathya Sai Baba weist in seinen Lehrreden öfters auf Jesus Christus hin und erläutert, welche Stufen Jesus auf seinem Weg durchschritt und wie er sie benannte. Zuerst stellte er sich als «Bote Gottes» dar, ähnlich den Propheten, welche die Botschaft des Göttlichen verkünden. Dann nannte er sich «Sohn Gottes». Und schliesslich erklärte er: «Ich und mein Vater sind Eins.»

Die Stufen erinnern an die in diesem Kapitel dargestellten Stufen der Beziehung zum Göttlichen. Zudem stimmen sie grundsätzlich mit den drei höheren Kompetenzstufen auf dem Weg zum Lichtvollen überein (siehe Kapitel 3).

Wenn wir also «ich» sagen, sprechen wir dann vom Göttlichen? Es kommt darauf an, was mit «ich» gemeint ist. Wir verwenden dieses Wort für verschiedene Aspekte unseres Wesens, zum Beispiel für das **Selbst**. Das Selbst ist Bewusstsein in seiner reinsten, höchsten, subtilsten Form. Es ist die **Seele** des einzelnen Lebewesens und zugleich die allumfassende Seele allen Lebens. Die Beziehung der Seele eines einzelnen Lebewesens und der All-Seele ist die besprochene Beziehung der Welle mit dem Ozean – Einheit. Das Selbst ist reine Göttliche Strahlung, das ewige LEBEN in allem.

Aus der Strahlung entsteht Schwingung. Sie manifestiert sich als **Ich-Bewusstsein** verschiedener Subtilität. Das **Ich**, das Bewusstsein des einzelnen Menschen, der von der Göttlichen Quelle den freien Willen erhalten hat, modifiziert den Ausdruck des reinen Göttlichen Bewusstseins auf seine persönliche Weise und entsprechend seiner Entwicklungsstufe. Die Persönlichkeit und die Lebensumstände eines jeden Menschen sind aufgrund seines Denkens und Handelns in den vergangenen Inkarnationen geformt worden, und sein Denken und Handeln in der Gegenwart formen ebenso gemäss dem Gesetz des Ausgleichs (Sanskrit: Karma) seine zukünftigen Persönlichkeiten und Lebensumstände. Er arbeitet an der zunehmenden Reinheit und Klarheit seines Bewusstseins, während er abwechslungsweise im Diesseits und im Jenseits weilt. Das Ich hat das Ziel, zum Selbst zu werden.

Das **Ego** entsteht in jedem Leben neu und trägt seinen Teil zur Entwicklung bei. Die Ego-Kraft ist zwar nur eine der inneren Kräfte, doch hat das Ego durch die Art seines Wirkens (im Kapitel 2 besprochen) in der jeweiligen Inkarnation einen grossen Einfluss. Da es sich mit dem Körper identifiziert, vergeht es mit dem Tod.

Aus der Schwingung entsteht die Materie, der **Körper**. Wenn wir uns mit dem Materiellen identifizieren, ist der Körper «ich» – allerdings ein verletzungsanfälliges und vergängliches «ich». So ist es besser, sich nicht allzu sehr mit ihm zu identifizieren, wohl aber gut auf ihn zu achten. Franziskus von Assisi soll den Körper «Bruder Esel» genannt haben – ein treffender Ausdruck. Er trägt uns durchs Leben und daher ist es wichtig, dass wir ihm Sorge tragen.

Mit welchem «ich» wir uns auch identifizieren – die Beziehung zum Göttlichen zu klären ist Teil der Lebensaufgabe. Wer sich einer Beziehung jedoch verweigert möge sich darüber im Klaren sein, dass – ähnlich dem Watzlawick'schen Axiom in der Kommunikationstheorie «man kann nicht nicht kommunizieren» – er **nicht keine** Beziehung haben kann; selbst Ablehnung und Verneinung des Göttlichen formen eine Beziehung.

Im Laufe unseres Lebens werden die essenziellen Lebensthemen wie die Beziehung zum Göttlichen immer wichtiger. Wer schon als Kind eine Beziehung aufnehmen konnte, hat es auch später leichter damit. Spätestens im Herbst unseres Lebens lässt sich indes die Beziehung zum Göttlichen nicht mehr einfach zur Seite schieben. Und im Sterben setzt sich vermutlich jeder damit auseinander. Weshalb also nicht so früh wie möglich eine Beziehung anerkennen und sie erkunden? Weshalb nicht einen Dialog, der in jeder Beziehung elementar ist, pflegen, in schwierigen **und** in schönen Zeiten?

Das Göttliche erträgt alles, jede unserer Kommunikations- und Beziehungsformen; entscheidend ist, dass wir klären, auf welcher Beziehungsstufe wir uns wohl fühlen – und nach oben keine Grenze setzen.

Fragen zur Reflexion und Integration:

- Auf welcher Stufe der Beziehung zum Göttlichen fühle ich mich «zu Hause»?
- Was ist grundsätzlich wichtig für den Schritt auf die nächste Stufe? Was würde das für mich in meinem Leben konkret bedeuten?
- Welcher Aspekt der nächsten Stufe macht mir Angst?

5 Hilfreiche Gewohnheiten von hinderlichen unterscheiden

Im Laufe des Lebens entwickeln wir Vorgehens- und Reaktionsweisen, die wir jedes Mal möglichst wieder auf die gleiche Weise ausführen – wie ein Bach, der stets auf demselben Weg zu Tale fliesst. Aus Wiederholungen von Handlungen, aber auch von Gedanken und Gefühlen entsteht eine gewisse Neigung in dieselbe Richtung, eine Tendenz, die sich immer tiefer einschleift. Über kurz oder lang gewöhnen wir uns an sie, vor allem natürlich, wenn sie mit angenehmen Empfindungen oder mit positivem Feedback der Umwelt verbunden ist. Wir machen sie uns zu Eigen. Der Bach, der sich seinen Weg gesucht und ihn gefunden hat, **soll** nun auch so fliessen!

«Der Mensch ist ein Gewohnheitstier» lautet eine Redewendung. So wie unsere «jüngeren Geschwister» – die Tiere – durch das wiederholte Begehen des gleichen Weges ihre Trampelpfade bilden, ermöglicht uns das Beibehalten von Vorgehensweisen, körperliche und psychische Energie einzusparen. Die betreffenden Handlungs- und Denkmuster werden «automatisiert» und verschwinden dadurch aus dem Fokus der Aufmerksamkeit. Sie folgen dabei dem Ablauf der Kompetenz-Entwicklung (siehe «Die 7 Lebens-Fragen», S. 94 ff.), das heisst, die erarbeitete bewusste Kompetenz verwandelt sich in unbewusste Kompetenz.

Gewohnheiten haben also ihr Gutes: Wir müssen nicht jeden Tag neu lernen, die Schuhe zu binden, Treppen zu steigen, uns mit

Worten auszudrücken und vieles andere mehr. Unsere Konzentration und unsere Aufmerksamkeit werden durch die «im Hintergrund» ablaufenden Gewohnheiten frei für die vielen weiteren Herausforderungen des Lebens. Zugleich ermöglichen uns Gewohnheiten, immer wieder auf Gleichbleibendes, Stabiles zurückgreifen zu können. Gerade Kinder, die so viel Neues lernen müssen, brauchen und schaffen sich solche Momente von Stabilität, zum Beispiel, wenn der Teddy unbedingt dabei sein muss oder die Geschichte haargenau gleich erzählt werden soll. Mit zunehmendem Alter und wachsender Lebenserfahrung werden Gewohnheiten zahlreicher und gewinnen an Einfluss. Falls wir nicht zu ihren Sklaven werden wollen, müssen wir uns allerdings beizeiten dafür entscheiden, sie wieder bewusst zu machen und ihre Wirkung auf unser Leben einzuschätzen.

Unser Leben ist erfüllt von Gewohnheiten. Werfen wir einen Blick auf ihre Vielfalt. Am leichtesten wahrzunehmen sind Verhaltensgewohnheiten, beispielsweise

- Ernährungsgewohnheiten: was wir gerne essen und trinken; was wir meiden; was wir nicht gerne zu uns nehmen, es aber dennoch tun, zum Beispiel weil es gesund oder anregend ist; **wie** wir essen (langsam kauend oder schnell herunterschlingend, sitzend, stehend, gehend); **wann** wir uns ernähren
- Bewegungsgewohnheiten: eher schnell oder langsam; schwerfällig oder leichtfüssig; mit grossem oder kleinem Kraftaufwand; viel oder wenig; weit ausgreifend oder sparsam; Gegenstände geschickt oder ungeschickt handhabend; mit der rechten oder der linken Hand; aufrechte oder zusammengesunkene Körperhaltung; symmetrisch oder einseitig; zudem Atmungsgewohnheiten wie Atemtiefe und Atemrhythmus

- Kommunikationsgewohnheiten: im Speziellen Sprechgewohnheiten (laut oder leise, schnell oder langsam, hohe oder tiefe Stimme, das gewohnte Sprechtempo, der gewohnte Sprechrhythmus); nonverbale Kommunikationsgewohnheiten wie Blickrichtung, Mimik, Gestik, Zuwendung und Abwendung; Zurückhaltung oder Einmischung; ausreden lassen oder dreinreden
- Erholungsgewohnheiten: Schlafdauer, Art und Länge der Pausen, Verteilung der Aktivitäten über den Tag hinweg, Ferienaktivitäten.

Neben diesen auch für andere gut sicht- und hörbaren pflegen wir zudem Gewohnheiten im inneren Raum der Gedanken und Gefühle, zum Beispiel
- Denkgewohnheiten: eher positiv oder negativ denkend; eher rational-logisch oder assoziativ-kreativ; abwertendes oder wertschätzendes Interpretieren von Wahrnehmungen
- Gefühlsgewohnheiten: bevorzugt bestimmte Gefühle zulassen; in ähnlichen Situationen dieselben Gefühle als typische Gefühlsreaktionen manifestieren (zum Beispiel empört, ärgerlich, traurig).

Schliesslich können auch innere Haltungen als Gewohnheiten betrachtet werden. Sie sind tief in der Psyche verborgen und man kann sie nur indirekt – zum Beispiel über Verhaltensäusserungen – erkennen.

Fehlen dir bestimmte Gewohnheiten in der Aufzählung, oder gar ganze Kategorien? Merk' sie dir, sie könnten für dich wichtig sein.

Eigene Gewohnheiten zu erkennen ist der erste Schritt des Arbeitens mit Gewohnheiten. Auf Verhaltensgewohnheiten wird man mit der Frage «Mache ich das eigentlich immer so?» wohl rasch aufmerksam. Auch Feedback von Freunden und Bekannten zum eigenen Verhalten stellt eine gute Informationsquelle dar. Denk- und Gefühlsgewohnheiten hingegen sind für andere Menschen nur dann einigermassen verlässlich wahrnehmbar, wenn wir Aspekte unseres Innenlebens explizit kommunizieren. Im Kontext von therapeutischer Kommunikation, wo der Klient / die Klientin das eigene Innenleben seinem Gegenüber öffnet, gehört es zu den Aufgaben des Therapeuten / der Therapeutin, auf vermutete Denkmuster und innere Haltungen hinzuweisen. Mit vertiefter Selbstbeobachtung indes können wir diese Aktivität auch selbst übernehmen und uns im Alltag immer wieder bewusst machen, was und wie wir jetzt gerade denken und fühlen. Mit der Zeit können wir auf diese Weise Muster gewohnheitsmässigen Denkens und Fühlens wahrnehmen und vielleicht sogar dahinter stehende tiefe innere Haltungen erkennen. Zu Beginn erfordert dies einiges an Disziplin; später kann sich daraus eine (hilfreiche!) Gewohnheit entwickeln.

Wie wählt man aus der Fülle der Gewohnheiten eine relevante aus? **Eine Gewohnheit, die auffällt** ist reif dafür, genauer untersucht zu werden. Sie fällt uns vor allem dann auf, wenn wir unter ihr leiden oder wenn andere Menschen unter ihr leiden und dies kundtun. Leiden kann sich schon äussern, bevor es akut wird: Unwohlsein, Irritation, Erstaunen künden an, dass etwas nicht stimmt beziehungsweise für den anderen «ungewohnt» ist.

Oft reagieren wir auf ein erstauntes, kritisches oder ähnliches Feedback, indem wir unsere Verhaltensweise verteidigen. Damit verpassen wir möglicherweise die Chance, auf eine veränderungswürdige Gewohnheit aufmerksam zu werden. Auf längere Sicht effizienter ist eine Haltung unabhängigen freundlichen Interesses, die auch kommuniziert werden kann: «Hm, interessant – du findest also .....? Ich werde das mal genauer anschauen; vielen Dank.»

Wenn wir eine wiederholte Handlung, eine eingeschliffene Denkweise, eine unverrückbar scheinende Haltung als Gewohnheit identifizieren, bringen wir sie damit in einen operativen Modus, einen Zustand, der von der Psyche als veränderbar eingestuft wird. Das kann mit dem Aufheben des Schreibschutzes bei einem Dokument im Computer verglichen werden. Gewohnheiten sind grundsätzlich veränderbar. Ob sie verändert werden sollen – das herauszufinden ist der nächste Schritt.

Auf das Erkennen folgt als zweiter Schritt **das Bewerten der Gewohnheit**: ist sie hilfreich oder hinderlich? Dazu drei Beispiele von Gewohnheiten verschiedener «Tiefe»:

- Jemand «bewegt sich zu wenig»; das heisst, er benützt, wo immer möglich, Transportmittel, treibt kaum Sport und isst auch eher viel.

- Jemand anderer «denkt negativ», das heisst, er sieht in seinen Erfahrungen vor allem das Negative. Gerne führt er Schreckens- und Katastrophenmeldungen, die er in den Medien bevorzugt konsumiert, als Bestätigung seiner Weltsicht an.

- Ein Dritter «weiss, dass die Mitglieder einer bestimmten Volksgruppe schlechte Menschen sind»; seine Freunde sagen das auch; er kann viele Verbrechen nennen, welche «die anderen» verübt haben.

Welche Hilfsmittel stehen uns für das Bewerten zur Verfügung? Zunächst einmal die Lebens-Fragen, im Speziellen die zweite, die vierte und die sechste Lebens-Frage, also die Fragen nach der Freude, den Werten und dem Sinn. Beispiele für mögliche Variationen dieser drei Fragen in Bezug auf «die Gewohnheit»:

- Macht sie mir Freude? Wem macht sie Freude? Wem nicht?

- Welchem Wert / welchen Werten entspricht sie? Ist das für mich ein wichtiger Wert? Könnte das für den anderen ein wichtiger Wert sein? Welcher Wert wird durch sie verletzt?
- Ist sie sinnvoll? Wofür? Für wen?

Nehmen wir an, die drei Menschen, aus deren Alltag je eine Gewohnheit beschrieben wurde, würden sich selbst ehrlich mit diesen drei Lebens-Fragen beziehungsweise Variationen davon befragen. Mögliche Antworten könnten lauten:

- «zu wenig Bewegung»: macht mir nicht wirklich Freude; Genuss ist mir wichtig, Gesundheit stelle ich offenbar hintenan; wenig sinnvoll
- «negativ denken»: bereitet mir keine Freude; Respekt und Mitgefühl fehlen; ergibt keinen wirklichen Sinn
- «die anderen sind schlecht»: beinhaltet keine Freude und keine Wertschätzung; meine Einstellung ist von Angst bestimmt, das ist nicht sinnvoll.

Als Fazit ergibt sich, dass alle drei Personen aufgrund einer ehrlichen Analyse ihre Gewohnheit als keine Lebensfreude spendend, positive Werte verletzend, im Zusammenleben mit anderen nicht sinnvoll und damit als hinderlich einschätzen müssten.

Neben den Lebens-Fragen sind weitere tiefgreifende Fragen denkbar, beispielsweise:

- Bringt diese Gewohnheit Leiden? Falls ja, wem?
- Führt diese Gewohnheit in die Richtung des Dunklen oder des Lichtvollen?

Nicht allzu viele Menschen stellen ihre Gewohnheiten derart in Frage. Weshalb? Der Volksmund spricht von der «Macht der Gewohnheit». Könnte es sein, dass dieses Nicht-Hinterfragen einem

Gefühl von Machtlosigkeit entspringt, einer Angst, dass die Gewohnheit stärker ist als man selbst?

Eine starke Gewohnheit wird oft als Sucht bezeichnet. Meist versteht man darunter die Gewöhnung an Alkohol und andere Drogen, doch kann sie sich auch als Ess-Sucht, Arbeits-Sucht, Sucht nach Spannung, Sucht nach starken Gefühlen und anderem mehr manifestieren. Die Sucht nimmt Freiheit weg, sie versklavt. Man lebt nicht mehr das ganze Spektrum seiner Möglichkeiten, denn eine Gewohnheit, eine Sucht versucht immer, die eigene Energie in einem bestimmten Bereich dieses Spektrums zu halten – wie wenn man die Bewegung einer Schaukel auf diesen kleinen nicht in der Mitte liegenden Bereich einengen oder sie da festhalten und dadurch ihre Bewegung ganz unterbinden würde. Damit fixiert man ein Ungleichgewicht. Im Laufe der Zeit jedoch gewöhnt man sich daran. So wie wir einen Hund, dessen eines Ohr herunterklappt, «süss» finden oder ein leicht windschiefes älteres Bauernhaus vielleicht «romantisch», beginnen wir, die Schieflage der Gewohnheit zu lieben. Die Gewohnheit gehört nun zu uns; sie ist ein Teil von uns geworden und beeinflusst unser Denken, Reden und Handeln. Einst hatten wir sie geformt oder zugelassen, dass sie sich «von selbst» formte. Nun formt die Gewohnheit uns, zum Beispiel, indem sie unseren Alltag strukturiert oder neben einigen angenehmen Wirkungen auch viel Leiden bewirkt.

Es ist wichtig, zu verstehen, wie es so weit kommen konnte. Fragen wie die folgenden können dabei helfen:
- Warum bin ich von dieser Gewohnheit abhängig?
- Wie entstand diese Gewohnheit?
- Was sagt mir das über mich?

Mit den zur Verfügung gestellten Fragen ist es möglich, eine Gewohnheit und ihre Auswirkungen einzuschätzen, das heisst, sie als hilfreich oder hinderlich zu bewerten. Viele Gewohnheiten weisen zwar beide Qualitäten auf – sie zeigen sowohl den einen als auch den anderen Aspekt –, doch ist es meistens gut möglich, sie als **vor allem** hilfreich oder **vor allem** hinderlich einzustufen.

An die Bewertung schliesst sich der dritte Schritt an: **hilfreiche Gewohnheiten zu pflegen und hinderliche Gewohnheiten zu verändern**. Als hilfreich haben wir Gewohnheiten bezeichnet, die in eine gute Richtung führen. Sie erleichtern uns und anderen das Leben, indem sie zu unserer Gesundheit beitragen, uns helfen, Probleme effizient zu lösen, das Funktionieren von sozialen Systemen unterstützen und vieles mehr. Wenn wir ihrer bewusst werden und erkennen, dass wir mit ihrer Hilfe auch Werte wie beispielsweise Achtsamkeit, Respekt und Dankbarkeit leben können, sind wir motiviert, sie weiterhin zu pflegen.

Hinderliche Gewohnheiten zu verändern indes ist anspruchsvoll. Als Illustration wiederum drei Gewohnheiten aus verschiedenen Bereichen: Jemand trinkt gerne alkoholische Getränke, jeden Tag; ein, zwei Gläser Wein oder etwas mehr, findet er, sollten es schon sein, und mindestens so viele werden es dann auch. Ein anderer wird in einer Gruppe darauf aufmerksam gemacht, dass er sich sehr rechthaberisch verhalte und kaum mit sich reden lasse. Er entdeckt dadurch, dass er starke und das Zusammenleben erschwerende Überzeugungen pflegt wie zum Beispiel «Das Leben ist ein Kampf!» Einem dritten wird im Zusammenhang mit einem Bandscheibenproblem sehr schmerzhaft bewusst, dass seine Körperhaltung zu sehr der Schwerkraft nachgegeben hat und dies seine Wirbelsäule sehr und einseitig belastet.

Jeder der drei – nehmen wir das für unser Beispiel so an – bewertet seine Gewohnheit als hinderlich und will sie verändern. Er geht das an – und erlebt zunächst einmal die Widerstandskraft der Gewohnheit: Beispielsweise findet er laufend Gründe, weshalb jetzt gerade nicht der richtige Zeitpunkt für Abstinenz ist; er ist im Alltag derart mit Kämpfen beschäftigt, dass er vergisst, damit aufhören zu wollen; er ertappt sich schmerzhaft immer wieder in einer zusammengesunkenen Haltung, obwohl er weiss, dass ihm dies nicht gut tut.

Viele Menschen sind verblüfft, wenn sie erleben, dass ihr klarer Entschluss nicht ausreicht, eine Gewohnheit zu verändern. Doch wer Unkraut jätet, muss die Wurzeln zu fassen kriegen, sonst wächst es wieder nach. Das gilt auch für unsere Gewohnheiten: Sie sind in unserer Psyche oder unserem Nervensystem verwurzelt und die «Stimme der Vernunft», welche «nein» sagt, wird leicht überhört.

Hinderliche Gewohnheiten verändern heisst auch neue hilfreiche Gewohnheiten entwickeln. Wenn bei einfachen Verhaltensgewohnheiten die angestrebte neue Verhaltensweise einen erkennbaren Vorteil bringt oder Spass macht, kann die neue Gewohnheit die alte rasch ersetzen. Wenn die alte Verhaltensweise aber «wider besseres Wissen» aus irgendeinem Grund attraktiv bleibt, wird's schwieriger. Dies ist auch der Fall, wenn eine Verhaltensgewohnheit, die man leicht verändern zu können glaubt, eine tiefere psychische Komponente aufweist.

Verändern von Denk- und Gefühlsgewohnheiten setzt voraus, auf die subtilen Prozesse in der eigenen Psyche zu achten, in ihnen Muster zu erkennen und sie bewerten zu können. Manchmal weisen uns – wie weiter oben dargestellt – Menschen, die uns gut kennen, auf psychische Muster und ihre Veränderungswürdigkeit hin. Sie können dies jedoch nur für uns leisten, wenn wir unsere Gedanken und Gefühle mit ihnen teilen. Der Zugang zu noch subtileren psychischen Strukturen wie innere Haltungen und Einstellungen schliesslich wird erst durch prägende Erfahrungen und Schlüsselerlebnisse freigelegt.

Welche Prinzipien sind für eine wirksame Veränderung entscheidend? Erstens: Klarheit. Am Anfang muss eine grundlegende Einsicht stehen, dass die Gewohnheit Leiden verursacht, die Lebensfreude mindert, in eine dunkle Richtung führt, menschlichen Werten widerspricht oder keinen tragenden Sinn ergibt. Sie muss als einer guten Lebensführung entgegenstehend erkannt werden: Das Leben ohne sie wäre – nein ist! – schöner, friedevoller, gesünder und anderes mehr. Das positive heilende Bild eines Lebens ohne diese Gewohnheit beginnt, seine Wirkung zu entfalten.

Klarheit kann indes noch weiter beziehungsweise tiefer reichen: Je mehr wir unser Ego abbauen, je mehr wir unsere Energien lichtvoll lenken, desto mehr können wir unser Einssein mit dem Göttlichen erkennen. In der Zeit der Gottferne haben wir uns – auch wenn wir zeitweise den Mächtigen oder die Starke spielten – daran gewöhnt, uns gegenüber den eigenen Gewohnheiten mehr oder weniger ohnmächtig zu fühlen. Die erarbeitete spirituelle Klarheit jedoch lässt uns immer mehr erkennen: Wir sind das EINE LEBEN, unendliches Potenzial, und es gehört zu den wichtigsten Lebensaufgaben, die Ketten alter hinderlicher Gewohnheiten zu sprengen. Nur mit unserer Einwilligung können sie uns – zum Beispiel als Alkoholismus – binden. Wenn wir ihnen diese Einwilligung entziehen, müssen sie gehen.

Zweitens: Entscheid. Loslassen einer Gewohnheit erfordert einen Anfangsimpuls, der positive Energie beinhaltet, einen Entscheid für eine bestimmte Richtung. Oft dienen negative Erlebnisse als Auslöser: Wir merken, dass unsere Gewohnheit, zum Beispiel der Alkoholmissbrauch nahestehenden Menschen und auch uns selbst viel Leiden bringt und wir entschliessen uns, damit aufzuhören. Wir machen eine Erfahrung, die unser Herz berührt und erkennen, dass Leben nicht nur Kampf, sondern auch Freude und Liebe ist und wir entscheiden uns, dem alten Programm nicht länger zu folgen. Wir erleben, dass eine veränderte Körperhaltung die Schmerzen verringert und entschliessen uns, sie aktiv immer wieder einzunehmen. Der Entscheid ist eindeutig; er enthält kein «Vielleicht». Wir wählen an der Wegscheide den anderen Weg und blicken nicht zurück.

Drittens: Raum. Eines der Merkmale von Gewohnheiten ist der Zwang: etwas **muss** – bewusst oder unbewusst – **so** sein. Je stärker die Ausprägung eines Zwangs, desto kleiner die Toleranz für Abweichungen. Gewohnheitsmässiges zwanghaftes Verhalten in irgendeinem Bereich hat zur Folge, dass wir da unsere innere Kraft, Vitalität, Kreativität und weitere Qualitäten nur innerhalb enger Grenzen leben. Raum für neue Wege, für geänderte Verhaltensweisen, für erweiterte Sichtweisen ist ausserhalb des eng gesteckten Rahmens zwar da, wir nutzen ihn aber nicht. Aufgrund des klaren Entscheids ist es nun einfacher, mehr von diesem Raum zu beanspruchen und damit neue Wege tatsächlich zu gehen, mit anderen Verhaltensweisen zu experimentieren und bislang als fremd empfundene Sichtweisen zu akzeptieren.

Der noch nie begangene Spaziergang zum kleinen Teich im nahen Wald beispielsweise kann zu einer erfreulichen Entdeckung werden. Die sich bisher nicht gegönnte Pause auf der Sitzbank an der belebten Einkaufsstrasse kann unerwartete Einblicke in die Vielfalt menschlichen Verhaltens schenken. Einem Nachbarn, der einen durch sein Verhalten sehr geärgert hat, innerlich zuzugestehen, dass er dabei möglicherweise keine negative Absicht hatte und niemanden wirklich verärgern wollte kann einen inneren Raum des Friedens öffnen, der vielleicht zum ersten Mal seit langem wieder betreten wird. Menschen, die einer «ungeliebten» Nation oder Gesinnung angehören, versuchsweise einen Platz im Herzen zu geben kann eigene innere und als Folge davon auch äussere Spannungen abbauen. Negative Gewohnheiten zu zügeln und dem Positiven, dem Lichtvollen Raum zu geben setzt innere alchemistische Prozesse in Gang, welche heilsam wirken. Im Folgenden noch ein Blick auf die drei weiter oben erwähnten Gewohnheiten aus verschiedenen Bereichen.

Im Körperlichen Raum zu geben bedeutet beispielsweise, dem Atem Raum zu geben. Die tiefe Bauchatmung massiert die inneren Organe, bringt Sauerstoff und Energie – der Organismus atmet auf. Er kann sich entspannen und zugleich aufrichten, in eine angemessene Haltung. Der Atem ist der Ausdruck des Göttlichen im Körper.

Um im eigenen Denken mehr Raum zu schaffen, fragen wir nach weiteren Möglichkeiten und lockern damit die mentale Fixierung. Wir halten aktiv Ausschau nach Beispielen, welche der bisherigen Maxime widersprechen. Wir strecken innerlich die Hand aus, statt die Faust zu machen.

Das hier besprochene Prinzip gilt auch in der Behandlung einer Sucht wie der Alkoholkrankheit. Eine Sucht sucht. Was sucht sie? Aus der unendlichen Weite des Jenseits in die Enge hineingeboren suchen wir in dieser dauernd jene. Zu lieben hilft, denn in der Liebe erfahren wir dieses Weit-Werden wieder. Wenn es – auch mit Hilfe kompetenter Fachpersonen – gelingt, auf der Basis der Klarheit und des Entscheids der Liebe mehr Raum zu geben und sie weg von der Sucht auf Lichtvolleres zu lenken, kann die Psyche ebenfalls aufatmen.

Viertens: Zeit. Gewohnheiten zu bilden braucht Zeit; Gewohnheiten zu verändern ebenso. Gut ist es daher, hilfreiche Gewohnheiten frühzeitig zu bilden, bevor hinderliche sich einnisten. Eine sorgfältig mit Blumen bepflanzte Wiese macht dem Unkraut das Blühen schwerer.

Gewohnheiten, die verändert werden sollen fordern uns heraus, immer wieder gegen sie anzutreten. Kaum hat man es geschafft, den Karren auf dem Feldweg auf der einen Seite aus der tiefen Spur zu hieven, rutscht er auf der anderen Seite bereits wieder hinein. Es gibt kaum schnelle Lösungen; nur beharrliches Dranbleiben hilft. Und irgendwann wird das Ziel erreicht.

Verändern von Gewohnheiten stellt deshalb eine wunderbare Gelegenheit dar, Geduld zu üben. Geduld ist eine der wichtigsten im Leben zu erwerbenden Qualitäten. Sie kann mit dem Salz in der Suppe verglichen werden und ist durch nichts zu ersetzen. Manche Menschen sind beim Üben von Geduld damit konfrontiert, dass sie die Gewohnheit der Ungeduld entwickelt haben und stehen nun vor der grossen Aufgabe, geduldig ihre Ungeduld abzubauen!

Eine schöne und zusammenfassende Illustration zur Veränderung von Gewohnheiten gibt die von Sogyal Rinpoche (siehe Literaturverzeichnis; S. 53 - 54) zitierte «Autobiografie in fünf Kapiteln» von Portia Nelson. Sie wird hier leicht verändert wiedergegeben.

Autobiografie in fünf Kapiteln:

1) Ich gehe eine Strasse entlang. Im Gehsteig ist ein tiefes Loch. Ich falle hinein. Ich bin verloren und ohne jede Hoffnung. Dabei trifft mich gar keine Schuld. Ich brauche eine Ewigkeit, um einen Ausweg zu finden.

2) Ich gehe dieselbe Strasse entlang. Im Gehsteig ist ein tiefes Loch. Ich gebe vor, es nicht zu sehen. Ich falle wieder hinein. Ich kann nicht glauben, dass ich schon wieder an diesem Ort bin. Dabei kann ich nicht mal etwas dafür. Ich

brauche wieder sehr, sehr lange, bis ich einen Ausweg gefunden habe.

3) Ich gehe dieselbe Strasse entlang. Im Gehsteig ist ein tiefes Loch. Ich sehe, dass es da ist. Ich falle wieder hinein. Es ist eine Angewohnheit von mir. Meine Augen sind offen. Ich weiss, wo ich bin. Es ist mein Fehler. Ich klettere sofort hinaus.

4) Ich gehe dieselbe Strasse entlang. Im Gehsteig ist ein tiefes Loch. Ich weiche aus.

5) Ich gehe eine andere Strasse entlang.

Wenn in einem System eine Veränderung geschieht, bedeutet das, dass sich das System als Ganzes verändert, denn alle Elemente eines Systems sind miteinander verbunden. Am sehr einfachen Beispiel des Mobiles (ein im Raum hängendes Gebilde aus Stäben, Fäden und Figuren) kann dies sehr schön erkannt werden: Wenn irgendein Teil, zum Beispiel eine Figur bewegt wird, bewegt sich jedes andere Element und somit das ganze Mobile. Dieses Phänomen gilt für alle Systeme, auch für komplexe wie der Organismus und die Psyche des Menschen sowie für Gruppen von Menschen. Wenn wir also Gewohnheiten zum Guten wenden, wirkt sich das im guten Sinne aufs grössere Ganze aus, selbst wenn wir nicht wissen wo und wie. Die entstehende lichtvolle Kettenreaktion (siehe Kapitel 3) geht ihren verborgenen Weg und wir brauchen ihn nicht zu kennen.

Für den Umgang mit Gewohnheiten wurden drei Schritte dargestellt:
-   das Erkennen der Gewohnheit
-   das Bewerten: ist die Gewohnheit hilfreich oder hinderlich?

- das Verändern hinderlicher Gewohnheiten beziehungsweise das Pflegen hilfreicher Gewohnheiten.

Der zentrale zweite Schritt gab diesem Kapitel seinen Titel. Obwohl dem dritten Schritt, und da dem Verändern von Gewohnheiten viel mehr Platz eingeräumt wurde, soll hier nochmals die Bedeutsamkeit des zweiten Schritts – des Bewertens – betont werden. Gewohnheiten gehen, wie weiter oben dargestellt, oft mit dem Gefühl von Machtlosigkeit (gegenüber der Gewohnheit) einher. Da ist es wichtig, Stellung zu beziehen und uns bewusst zu machen, ob sie uns helfen oder hindern. Auf der Kommandobrücke stehend, das Steuer unseres Lebensschiffs in der Hand, schaffen wir strategische Klarheit, ob unsere Gewohnheiten uns auf dem Weg zur Erfüllung unserer Lebensaufgabe dienen oder nicht.

Sokrates soll gesagt haben: «Wer das Gute kennt, tut es auch.» Vertieftes Erkennen und Unterscheiden führt also naturgemäss zum Entscheiden und Handeln. Wir vertrauen unserem Urteil und übernehmen Verantwortung für unser Leben.

Fragen zur Reflexion und Integration:
- Wenn ich auf Gewohnheiten achte, welche fallen mir auf?
- Welche Gewohnheit hindert mich daran, meinen Gewohnheiten auf die Spur zu kommen? Welche Gewohnheit hilft mir dabei?
- Was sagen meine Gewohnheiten über mich aus?

6 Dem Tod freundlich entgegenblicken

Die zweite Lebenshälfte findet ihre Abrundung im Tod. Somit gehört auch der Tod zum Leben. Der Dalai Lama (siehe Literaturverzeichnis; S. 31) zitiert dazu einen Ausspruch des Buddha:

«So wie man beim Weben

das Ende der prächtigen Fäden erreicht,

mit denen gewebt wurde –

so ist das Leben der Menschen.»

Manche Menschen sterben im hohen Alter, manche in der «Lebens-Mitte», manche schon im Kindesalter. Einige scheinen einfach «einzuschlafen», andere leiden zunächst für längere Zeit an Krankheiten, weitere sterben plötzlich durch einen Unfall oder durch Gewalt. Wie verschieden das individuelle Sterben auch sein mag – uns allen ist gemeinsam, dass wir durch die Erfahrung des Todes gehen.

Viele haben Angst vor dem eigenen Tod. Sie fragen sich: Was geschieht danach? Ist dann alles zu Ende? Wer oder wo bin ich dann? Wartet der «Himmel» oder die «Hölle» auf mich? Warum geboren werden, wenn man schliesslich doch stirbt? Viele fürchten sich auch vor dem Prozess des Sterbens, vor dem Nachlassen der Körperkräfte, vor unerträglichen Schmerzen, vor dem Angewiesensein auf die Hilfe anderer und damit vor der Abhängigkeit und dem Kontrollverlust über das eigene Leben. Daher denken sie nicht gerne an Sterben und Tod. Über den Tod nachzudenken kann uns indes erkennen lassen, wie kostbar unsere Lebenszeit ist und in uns

Lebensthemen anrühren, mit denen wir uns bisher vielleicht noch wenig beschäftigt hatten, wie zum Beispiel die Vergänglichkeit oder der Sinn unseres eigenen Lebens.

Vier Leitfragen helfen, Grundlegendes zu klären, um in Freundlichkeit auf Sterben und Tod zu blicken:

1) Worum geht es im Sterben und im Tod?
2) Worin besteht eine sinnvolle Vorbereitung auf Sterben und Tod?
3) Was ist im Sterbeprozess wichtig?
4) Wie kann man Menschen im Sterben begleiten?

Worum geht es im Sterben und im Tod? Der Tod ist ein Übergang; etwas geht hinüber – und etwas bleibt zurück. Der davor ablaufende Sterbeprozess gestaltet sich, wie bereits angedeutet, individuell sehr verschieden. Er stellt den allerletzten Teil des Lebens dar und mündet in den Tod, wo sich – von aussen gesehen – das Belebende, welches uns als Bewegung, als Klang, als Blick des sterbenden Menschen entgegenkam, von seinem Körper löst. In der westlichen Tradition wurde das mit der Redewendung «er hat den Geist aufgegeben» beschrieben, in der östlichen Tradition mit «er hat den Körper aufgegeben»!

Die beiden trennen sich. Der Körper, der belebenden Kraft beraubt, beginnt, sich zu zersetzen; dieser Mensch gilt nun als «tot». Vorher hatten wir ihn – wie jeden Menschen – als festgefügte Einheit, bestehend aus einer Persönlichkeit und einem Körper gesehen. Vielleicht identifizierten wir ihn sogar in erster Linie mit seinem Körper, im Speziellen, wenn wir uns selbst vor allem mit unserem Körper identifizieren. Jetzt ist dieser Körper zu einer leblosen Hülle geworden. Das kann in uns Angst auslösen, auch wenn das nicht jeder zugeben will.

Aus der Perspektive dieses Wesens gesehen, welches durch die Pforte des Todes geht, ergibt sich ein ganz anderer Eindruck: Es erkennt, dass es auch ohne den materiellen Körper als individuelles «Ich-Bewusstsein» weiterhin existiert. Es kann sich – befreit vom Erdenkleid – sogar deutlicher seiner lichtvollen Natur gewahr werden. Entscheidend ist, wie dieser Mensch sein Leben gelebt hat, und – damit zusammenhängend – seine im Augenblick des Todes vorherrschende innere Ausrichtung. Unsere innere Haltung, die Gedanken und Gefühle, die wir zum Zeitpunkt des Todes hegen, beeinflussen unseren weiteren Weg. Daher ist die Entscheidung für das Lichtvolle sowie das Entwickeln von Vertrauen ins Lichtvolle (siehe Kapitel 3) auch im Sterben und im Tod eine grosse Hilfe.

Der Tod verändert vieles: nicht nur unsere Verbindung zum Körper, sondern ebenso unsere Beziehungen zu Menschen und zu Dingen. Dadurch erhalten wir die Möglichkeit, diese Bindungen zu lösen und uns mit dem Grösseren zu identifizieren. «Das ist die Natur des Sterbens:» sagt Joan Halifax (siehe Literaturverzeichnis; S. 2) «loslassen ins Unbekannte, unsere Verankerungen lösen und uns der Weite öffnen, die wir in Wahrheit sind.»

Was genau geschieht in diesem Übergang? Es ist nicht einfach, hinter den Vorhang zu blicken, den das LEBEN beim sterbenden Menschen immer mehr zuzieht. Im tibetischen Buddhismus gibt es jedoch seit alten Zeiten Lehren, welche die Ganzheit von Leben und Tod als eine Abfolge von Übergängen darstellen, von denen der mächtigste und energiegeladenste der Tod ist. Ein Aspekt dieser Lehren ist der Weisheitstext, der unter dem Namen «Tibetisches Totenbuch» bekannt ist. Er kann als eine Art Reiseführer für den Weg durch Sterben und Tod verstanden werden, der Menschen in dieser Tradition vor, während und nach dem Tod vorgelesen wurde. In der tibetisch-buddhistischen Überlieferung scheint also ein tiefes

Wissen über den Ablauf des Sterbeprozesses und die Geschehnisse «hinter dem Vorhang», das heisst im Inneren, in der Psyche des sterbenden Menschen zu existieren. Für Menschen, welche diese Tradition nicht praktizieren sind sie nicht einfach zu verstehen. Neben anderen tibetisch-buddhistischen Lehrern hat es sich daher Sogyal Rinpoche zur Aufgabe gemacht, mit seinem Buch «Das tibetische Buch vom Leben und vom Sterben» (siehe Literaturverzeichnis) die Lehren des «Tibetischen Totenbuches» in einer für alle verständlichen Sprache zu erklären. Einige dieser äusserst hilfreichen Erläuterungen und Vorgehensweisen werden in diesem Kapitel dargestellt.

Sterben beginnt im Grobstofflichen und setzt sich ins immer Subtilere fort. Das Göttliche gibt den entscheidenden Impuls für das Einsetzen des Sterbeprozesses. Zunächst funktionieren die Sinne weniger gut; im Speziellen versagen Hören und Sehen, die in der Kommunikation mit anderen Menschen hauptsächlich benutzten Sinne allmählich ihren Dienst.

Dann löst sich das Erdelement auf; der Körper verliert seine Kraft und kann sich nicht mehr aufrecht halten. Es ist, wie wenn ein grosses Gewicht einen niederdrückt; man ist nicht einmal mehr fähig, die Augen zu öffnen und zu schliessen.

Als nächstes löst sich das Wasserelement auf. Es kann zu einem Austreten von Flüssigkeiten kommen und dann trocknen alle Flüssigkeiten aus. Mund, Zunge und Kehle fühlen sich ausgedörrt an.

Hierauf löst sich das Feuerelement auf. Die Verdauung versagt und man kann nichts mehr trinken. Auch die Körperwärme nimmt ab, im Allgemeinen von den Füssen und Händen her in Richtung Herz. Die Glieder erkalten.

Dann löst sich das Luftelement auf. Einatmen wird mühsamer und kürzer, Ausatmen länger. Der Atem tönt rasselnd und röchelnd. Nach einem letzten Ausatmen setzt der Atem aus.

Die Elemente haben sich aufgelöst; jeweils eines ins nächste. In der Herzgegend ist noch ein klein wenig Wärme geblieben, doch sonstige Lebenszeichen sind verschwunden; dieser Mensch ist gemäss der modernen Medizin nun tot. Geblieben ist das Bewusstsein, und gemäss der tibetisch-buddhistischen Lehre schliesst sich an die äussere Auflösung der vier Elemente eine innere Auflösung an, welche ebenfalls Teil des Sterbeprozesses ist. Darin spielen der energetische Zentralkanal, den man sich vor der Wirbelsäule vorstellt und die zwei energetischen Seitenkanäle, die man sich neben der Wirbelsäule vorstellt sowie die Chakren eine Rolle.

Durch die fortschreitende Auflösung von immer subtileren Ebenen des Bewusstseins wird schliesslich die Essenz offenbar: das reine Bewusste Sein, die Lichtheit, die wir sind. Die tibetisch-buddhistische Tradition spricht vom «grundlegenden Geist des klaren Lichts». Das ist der Augenblick, auf den alles hinzielt: die Begegnung mit dem allumfassenden LICHT, mit der strahlenden allem innewohnenden Göttlichkeit. Dieses LICHT ist kein physikalisches Phänomen; es hat nicht nur die Qualität von Helligkeit, es ist vor allem reine LIEBE, die Göttliche Liebe, die wir Selbst sind. Wenn wir uns in ihm erkennen, können wir mit ihm verschmelzen.

Die Phasen der äusseren und der inneren Auflösung laufen gemäss der tibetisch-buddhistischen Tradition immer und bei allen Lebewesen – also auch bei Tieren – ab. Im Falle eines plötzlichen Todes, zum Beispiel bei einem Unfalltod, kann sich die Auflösung auch extrem rasch vollziehen.

Die Chancen, uns als LICHT zu erkennen steigen, wenn wir uns bereits im Leben dem Wahrnehmen des Subtileren geöffnet haben und dies diszipliniert geübt haben. Das kann in meditativer Versenkung geschehen, aber auch mitten im Alltag – ein andauerndes Bemühen, uns von in und um uns wahrgenommener Dunkelheit auf unsere Lichtnatur zurückzubesinnen. So wird sie auch in diesem entscheidenden Moment eher erkannt.

Wer seine Wahrnehmung nicht im Lichtvollen stabilisiert hat, bemerkt von alledem kaum etwas und gleitet nach dem Durchleben der Phasen der Auflösung in einen Zustand des Vergessens. In diesem Zustand bleibt das Bewusstsein noch drei bis vier Tage beim Körper. Daraus hat sich die Tradition entwickelt, den Körper während dieser Zeitspanne nicht zu stören und möglichst nicht zu berühren. Dann «erwacht» das Ich-Bewusstsein wieder. Dies wird beschrieben als die Wahrnehmung, dass «Himmel und Erde sich wieder trennen» – die Einheit wurde nicht erreicht.

Das Ich-Bewusstsein, welches den materiellen Körper verlassen hat, findet sich nun im «inneren Körper» wieder und weist weiterhin alle charakterlichen Eigenheiten auf, die es zum Zeitpunkt des Todes besass, insbesondere seine Gewohnheiten. Der nichtmaterielle innere Körper ähnelt demjenigen in der Blütezeit des eben vergangenen Lebens, doch ohne dessen Mängel! Er ist sehr fluid und mit allen Sinnen ausgestattet, welche durch ihre Befreiung vom materiellen Körper geschärft funktionieren. Von da her ist eine gewisse «Hellsichtigkeit» vorhanden, so dass sowohl verkörperte Menschen als auch andere Verstorbene wahrgenommen werden können.

Da das Ich nicht mehr von einem materiellen Körper «geerdet» wird, haben auch seine Gedanken eine viel grössere Kraft und Wirkung. Wenn der verstorbene Mensch in seinem Erdenleben wenig

Disziplin in Bezug auf seine Gedanken, Gewohnheiten und Verhaltensweisen entwickelt hat, kann diese Undiszipliniertheit nun auch im Jenseits leicht gefährlich werden! Wenn er andererseits in seiner Inkarnation lernte, Gedanken in eine lichtvolle Richtung zu lenken, hinderliche Gewohnheiten abzubauen und sich vertrauensvoll an das Göttliche zu wenden, kann er im Jenseits darauf zurückgreifen und sein Lebensschiff auch in diesen Gewässern in eine gute Richtung lenken. So findet er – wenn er es zulässt, auch mit Hilfe lichtvoller Wesen – seinen Ort im Jenseits. Und irgendwann inkarniert er sich wieder, in einem Körper und in Umständen, die vom Karma bestimmt werden.

Einige dieser dargestellten Phänomene mögen an die sogenannten Nahtod-Erfahrungen erinnern, welche erstaunlich viele Menschen schon gemacht zu haben scheinen und die von verschiedenen Autoren beschrieben und konzeptualisiert wurden. Häufige Erfahrungen im Nahtod-Zustand sind das Sehen des eigenen Körpers von aussen, das Gefühl von Schwerelosigkeit, das Dahintreiben in Dunkelheit wie in einem langen Tunnel, das Wahrnehmen eines grossen Lichts sowie von Lichtwesen, die einen begleiten, ein Lebensrückblick und schliesslich – im Unterschied zum Tod – das Erreichen einer Grenze, wo klar wird, dass der betreffende Mensch wieder ins Leben zurückkehren muss. Damit bestehen viele Parallelen zur tibetisch-buddhistischen Weisheit von Sterben und Tod. Dennoch beurteilt Sogyal Rinpoche Nahtod-Erfahrungen als Phänomene, die im Rahmen von zeitlich begrenzten ausserkörperlichen Erfahrungen gemacht werden und deshalb nicht dem Sterben, sondern dem Leben zuzurechnen seien.

Menschen, die durch ein Nahtod-Erlebnis gehen, scheinen aus dieser Erfahrung in jedem Fall grossen Gewinn zu ziehen. Sie verlieren die Angst vor dem Tod und sie werden sich zugleich ihrer

Verantwortung für eine liebevolle und auf den menschlichen Grund-Werten basierende Lebensführung bewusst. Das schliesst auch mit ein, sich auf den Tod vorzubereiten, nicht aber, den Tod selbst herbeizuführen.

*

Worin besteht eine sinnvolle Vorbereitung auf Sterben und Tod? Im Laufe unseres Lebens erwerben wir verschiedene Fähigkeiten, die uns in schwierigen Situationen zugute kommen wie beispielsweise den Umgang mit Angst, das Akzeptieren von Unvermeidlichem, das Loslassen von Vergangenem und vieles mehr. Sie stehen uns als Ressourcen zwar auch in der letzten Zeit des Lebens zur Verfügung, doch der Sterbeprozess fordert uns derart bis in die tiefsten Tiefen, dass es angebracht ist, uns in der zweiten Lebenshälfte ganz speziell auch aufs Sterben und den Tod vorzubereiten.

Wenn sich zum Beispiel jemand erst im Sterben mit seinem vergangenen Leben auseinandersetzt und erkennt, dass es nicht so verlief, wie es nach seiner Meinung hätte verlaufen sollen, kann das körperliche Schmerzen verstärken und Loslassen erschweren. Wenn ungute Gefühle, auch in Bezug auf nahe Stehende verdrängt wurden und sich nun mit Macht melden, können sie die psychische Not eines sterbenden Menschen vergrössern. Frühzeitiges und tiefgreifendes Sich-Vorbereiten dagegen kann uns dahin führen, dass, wenn wir erfahren würden, dass wir am selben Tage sterben würden, dies in uns kaum Angst oder Bedauern auslösen würde.

Eine sinnvolle Vorbereitung beinhaltet zunächst, «sein Haus in Ordnung zu bringen». Damit ist gemeint, seine materiellen Angelegenheiten sowie seine Beziehungen zu ordnen. Ferner soll möglichst grosse Klarheit über die angestrebte Qualität der verbleibenden Lebenszeit, insbesondere der Sterbephase geschaffen werden.

Eine spezielle Facette davon besteht im Entwickeln einer klaren Haltung gegenüber dem in Krisenzeiten unter Umständen auftretenden Wunsch nach einer «tödlichen Abkürzung». Und schliesslich gilt es angesichts des sich nähernden Todes die persönliche spirituelle Praxis zu vertiefen.

Wie «bringt man sein Haus in Ordnung»? Da wir keines unserer Besitztümer über die Grenze des Todes mitnehmen können, ist es am besten, möglichst früh zu bestimmen, wohin welche Anteile unseres Besitzes gehen sollen und alle Verfügungen in einem eindeutigen und den formalen Vorschriften genügenden Testament festzuhalten. Manche Menschen scheuen sich, ihren «letzten Willen» niederzuschreiben während sie sich noch aktiv und einigermassen gesund fühlen. Sie empfinden, dass rein durch das Verfassen eines Testamentes ihr Tod näher kommt. Was damit aber in Wirklichkeit näher rückt ist das Bewusstsein der Vergänglichkeit alles Materiellen. Und das ist gut so. Wir hängen im Allgemeinen unser Herz an viele Dinge. Wenn wir sie innerlich hergeben und loslassen, können sie uns im Übergang nicht mehr fesseln. Uns ist leichter ums Herz.

Auch Ungelöstes in Beziehungen kann uns binden, ablesbar zum Beispiel an Rache-, Schuld- und anderen negativen Gefühlen. Sie behindern die Entfaltung der lichtvollen Energien. Um Heilung zu finden, ist es notwendig, uns noch einmal fokussiert auf diese Gefühle einzulassen, sie ernst zu nehmen. Gerade davor sind wir vielleicht bisher aber zurückgeschreckt, weil wir nicht an die Missachtung oder die Verletzung erinnert werden wollten oder weil wir dachten, unsere eigene Schuld sei so gross, dass sie uns nie verziehen werden könnte.

Beziehungen zu heilen ist indes immer – auch nach langer Zeit – möglich. Wenn es aus irgendeinem Grund zu schwierig erscheint, den anderen zu treffen und mit ihm zu reden, oder wenn der andere bereits gestorben ist, kann Verzeihen und Lösen auch ohne die körperliche Anwesenheit des anderen geschehen. Christine Longaker, Hospiz-Leiterin und Ausbilderin von Sterbebegleitenden hat dafür eine einfache Methode entwickelt (siehe Literaturverzeichnis; S. 142 ff.). Sie besteht darin, sich an einen ungestörten Ort zurückzuziehen und mit offenem Herzen einen Dialog mit dem anderen Menschen, den man sich anwesend vorstellt, zu führen. Man nimmt dabei abwechslungsweise die eigene Perspektive und die Perspektive des anderen ein (siehe zur Vertiefung auch «Die 7 Lebens-Fragen», S. 52 ff.; das Prinzip wurde ebenfalls im Kapitel 2 bereits kurz dargestellt). Auf jeder Seite macht man seine Aussagen zum Thema, dann schreibt man das Wichtigste davon auf. Man «redet sich die unguten Gefühle vom Herzen» (und protokolliert sie), bis es möglich wird, dem anderen zu verzeihen beziehungsweise den anderen um Verzeihung zu bitten.

Verzeihen, Loslassen, Vergeben wird oft dadurch erschwert, dass man die gleiche Geschichte immer wieder «aufwärmt». Da die Erinnerung daran nur aktiviert, nicht aber bearbeitet und abgeschlossen wird, kann das Ego sich ihrer bemächtigen und daraus zum Beispiel eine «Opferrolle» gestalten. Ob mit oder ohne die Hilfe einer guten Psychotherapie: Wer sich selbst als Opfer empfindet, muss lernen, Verantwortung zu übernehmen – für seine Lage und für sein Verhalten. Dem anderen zu vergeben kann ein wichtiger Schritt in diese Richtung sein. Jemandem zu vergeben bedeutet nämlich nicht in erster Linie, sein Verhalten gutzuheissen; Vergeben bedeutet, die eigene (negative) Reaktion darauf loszulassen. Das befreit – einen selbst, den anderen, das System.

Genauso wichtig wie anderen zu verzeihen ist sich selbst zu verzeihen. Wer sich selbst nicht verzeiht, kann auch anderen nicht wirklich verzeihen. Christine Longakers Methode funktioniert auch mit sich selbst: Wenn wir uns mit uns selbst versöhnen, zum Beispiel in der Auseinandersetzung mit eigenen negativen Gefühlen oder starren Konzepten, befreien wir gebundene Energien und gewinnen Raum im «eigenen Haus». Beides hilft uns – jetzt und im Hinblick auf unser Sterben.

Klarheit schaffen wir, indem wir uns unsere Wünsche für die verbleibende Lebenszeit und vor allem für die Sterbephase bewusst machen und sie in geeigneter Form kommunizieren. Als Startfrage eignet sich beispielsweise: «Wie sieht mein Schreckensszenario für mein Sterben aus?» Das lockt halb- und unbewusste Ängste an die Oberfläche, was die Beantwortung der Folgefrage «Wie möchte ich gerne sterben?» erleichtert. Das Aufschreiben der Antworten dient uns auch hier und es ist wichtig, die Antworten konkret zu formulieren. Vermutlich möchte jeder «gut sterben» beziehungsweise «in Würde sterben», doch was heisst das konkret?

Wo möchtest du gerne sterben: zu Hause? im Spital? in einem Hospiz? Wer soll dann bei dir sein? Darf man bei dir lebensverlängernde Massnahmen anwenden? Möchtest du reanimiert werden? Was soll nach Eintritt des Todes mit deinem Körper geschehen? – Je mehr wir darüber nachdenken, desto detaillierter gestalten sich unsere Wünsche aus.

Als Formulierungshilfen können wir Instrumente wie den Vorsorgeauftrag und die Patientenverfügung benützen. Wer sich an Formularen stört, kann sich davon auch einfach zu eigenen Formen und Darstellungen inspirieren lassen. Wenn sie so klar wie möglich formuliert sind sollten diese Wünsche dann in geeigneter Form den entsprechenden Personen zur Kenntnis gebracht beziehungsweise mit deutlichen Hinweisen leicht auffindbar gemacht werden. Auf diese Weise können die Umstände in Bezug auf die letzte Zeit des

Lebens für alle Beteiligten geklärt werden. Sie decken das Planbare ab, vergleichbar mit der sichtbaren, der oben liegenden Seite der Münze.

Die andere, die verdeckte und nicht bekannte Seite der Münze stellt die Tatsache dar, dass es «den Tod, so wie man sich ihn vorstellt» nicht gibt. Jeder stirbt auf seine Weise, und dann, wenn es für ihn Zeit ist. Viele, die den Abend nicht erleben werden, wissen das am Morgen noch nicht!

In der buddhistischen Tradition wird eine neun Wahrheiten umfassende Kontemplation verwendet, die von Joan Halifax (siehe Literaturverzeichnis; S. 54 ff.) ausführlich dargestellt und als «Wetterbericht» bezeichnet wird, «der uns vor einem kommenden Sturm warnt. Die Unwetterwarnung kann nicht genau sagen, wann oder wie der Sturm losschlagen wird; sie teilt uns aber mit, dass der Sturm unvermeidlich ist und wir gut daran täten, uns darauf vorzubereiten.» Die Wahrheiten selbst kommen einfach daher, denn es sind Essenzen:

- Jeder stirbt früher oder später.
- Die eigene Lebensspanne nimmt unaufhörlich ab.
- Der Tod kommt, ob wir vorbereitet sind oder nicht.
- Der Tod kann jederzeit kommen.
- Es gibt viele Todesarten.
- Unser Körper ist zerbrechlich.
- Zum Zeitpunkt des Todes hilft uns Reichtum nicht.
- Auch geliebte Menschen können uns nicht vor dem Tod retten.
- Der Körper kann uns zum Zeitpunkt des Todes ebenfalls nicht helfen.

Wir stehen somit vor einer höchst anspruchsvollen Aufgabe: uns bestmöglich auf etwas vorzubereiten, das auch völlig anders verlaufen kann als wir meinen. Kein Wunder, blitzt da bei einigen der Gedanke auf: Und dann nehme ich den Tod eben in meine eigene Hand...

Ein weiterer Aspekt der angestrebten inneren Klarheit entfaltet sich durch das Finden von Sinn. Sinnsuche nimmt ihren Anfang oft in schwierigen Situationen, denn Sinn finden hilft leben. In grösseren Krisen wie dem Gefühl des Verlorenseins in der Welt, des Verlassenseins von allen Freunden, des Ausgeliefertseins an eine Krankheit vertieft sich der Wunsch, den Sinn seines Leidens zu erkennen, gar Klarheit über den Sinn seines Lebens zu gewinnen. Wenn gegen Ende des Lebens die Kräfte für eine vertiefte Sinnsuche nicht mehr ausreichen, können auch einfache Alltagsaktivitäten wie Kindern und Enkelkindern aus seinem Leben erzählen oder ein Fotoalbum anschauen Sinnfindung unterstützen. Das ist selbst in Todesnähe noch möglich – Sinn finden hilft sterben.

Manche Menschen wollen nicht auf den Tod warten. Sie leiden – wie viele. Sie haben Schmerzen. Sie haben Angst, dass die Schmerzen nie mehr aufhören. Sie möchten gerne mit anderen einen freundlichen Austausch pflegen, doch sie reagieren nur noch gereizt und könnten laut schreien. Sie erleben, dass unangenehme Facetten ihrer Persönlichkeit zum Vorschein kommen und schämen sich dafür. Eigentlich möchten sie ihrer tiefsten Verzweiflung einmal Ausdruck geben, doch sie fürchten sich davor, dass ihre Behandelnden, Pflegenden, Angehörigen, Freunde und Bekannten das nicht aushalten. Ihre Unfähigkeit, zum Beispiel einige Schritte zu tun, sich selbst anzukleiden, die intimen Bedürfnisse alleine zu erledigen oder sich nur schon zu artikulieren regt Wut und Verzweiflung in ihnen an. Sie suchen einen Sinn im Ganzen und finden ihn nicht. Sie sehnen sich nach Erlösung von ihrem Leiden.

Zu wissen, dass man dem Tod auf seinem Weg vermutlich bald begegnen wird, doch nicht zu wissen, wann dies sein wird und zugleich grosses beziehungsweise zunehmendes Leiden zu erfahren, kann den Wunsch hervorrufen, dem Tod aktiv entgegenzugehen und damit die eigene Lebenszeit abzukürzen. «Selbst bestimmen» stellt für viele Menschen eine wichtige Maxime dar. In Bezug auf das eigene Sterben ist allerdings deutlich zu unterscheiden zwischen dem Vorgehen, willentlich den eigenen Sterbeprozess zu beenden, das heisst, sich selbst zu töten und dem Vorgehen, lebensverlängernde Massnahmen (die eigentlich «sterbensverlängernde» Massnahmen sind) zu beenden. Die zweite Vorgehensweise ermöglicht einem, von der «temporären Sandbank» wieder in den Fluss des Lebens zu steigen.

Einsamkeit, eine Depression oder auch die Furcht, anderen «zur Last zu fallen» kann – vielleicht im Verbund mit der Schwierigkeit, solche Themen vertieft zu besprechen – den Wunsch nach Selbsttötung fördern. Er kann durch Schmerzen oder befürchtete Schmerzen noch verstärkt werden. Mangels Hilfe oder eigener Kraft wird vielleicht der Weg zum Sinn nicht gefunden und die Wahrheit, dass jedes Leben wertvoll ist, steht nicht im Vordergrund. Es ist wenig Raum und Zeit da, um schwierige Emotionen wie Ängste, Verzweiflung und Schuld zu äussern und **durch sie hindurch** einen Weg zu finden – die Ungeduld in unserer Gesellschaft drängt auch ins Sterbezimmer. So scheint die sich vorgestellte Selbsttötung das Problem zu lösen und grosses Leiden auf einen Schlag zu beenden. Doch was folgt darauf? Kann es sein, dass unsere gegenwärtigen Handlungen sich nach dem Gesetz des Ausgleichs auf unser zukünftiges Leben auswirken, doch der grosse Eingriff, sich selbst zu töten, nicht? Wohl kaum. Auch Selbsttötung ist Tötung eines Menschen!

Sich selbst zu töten kann auch Entwicklung verhindern: Manche Menschen erleben noch in ihrer allerletzten Zeit gerade durch ihr Leiden eine innerliche Reifung und Klärung. Die Selbsttötung unterbricht diesen Läuterungsprozess; die Problematik indes bleibt bestehen, denn das LEBEN geht auch für diesen Menschen weiter – für eine Zeit jedoch ohne einen materiellen Körper, der es erleichtert, Erfahrungen zu machen. Irgendwann muss die Problematik dann dennoch bearbeitet werden.

Selbsttötung – auch wenn der Wunsch nach Befreiung von Leiden noch so verständlich ist – erschwert es zudem, sich im Tod auf das Lichtvolle auszurichten, da die Aufmerksamkeit auf das Materielle, Grobstoffliche fokussiert ist.

Die Göttliche Seele gibt, wie weiter oben erwähnt, den Impuls zum Einsetzen des Sterbeprozesses. Wenn sie ihn nicht gibt, wird ein Mensch (noch) nicht sterben! Das Ego akzeptiert das nicht. Es tritt in Bezug auf den Tod in zwei Gewändern auf: die Todesverachtung (die in ihrem Kern eigentlich eine Lebensverachtung ist) und das Bestimmenwollen des Todeszeitpunkts. In der hier zur Diskussion stehenden zweiten Form scheidet sich somit ein letztes Mal der Weg des Egos und der Weg der Seele: «selbst bestimmen» oder «das Selbst bestimmen lassen». Sein Sterben in die eigene Hand zu nehmen ist sehr sinnvoll, sofern das bedeutet, sich schon früh bestmöglich auf die letzte Zeit vorzubereiten, das Festlegen des Todeszeitpunkts jedoch dem Selbst, der Seele zu überlassen.

Der Wunsch, sich selbst zu töten, kann ferner als Hilferuf in einer emotionalen Extremsituation interpretiert werden. Fachleute, welche Sterbende medizinisch, palliativ oder spirituell behandeln und begleiten, haben einhellig die Erfahrung gemacht, dass dieser Wunsch bei den weitaus meisten Menschen verblasst, wenn sie äussere und innere Hilfe erhalten. Grosse körperliche Schmerzen können beispielsweise in der Palliativmedizin stark gelindert werden, ohne dass das Bewusstsein sehr getrübt wird. Professionelle Betreuung und liebevolle Begleitung können im Umgang mit Depression und bei Sinnfindungsprozessen Halt geben und die Verzweiflung abbauen helfen. Unterstützung, eine belastende Beziehung näher anzuschauen, kann ermutigen, um Vergebung zu bitten oder selbst zu vergeben und so «einen inneren Knoten zu lösen». Christine Longaker gibt in ihrem Buch «Dem Tod begegnen und Hoffnung finden» (siehe Literaturverzeichnis) viele Beispiele von Menschen, die «einfach nicht sterben konnten». Nachdem sie sich überwunden hatten, sich mit einem bestimmten Menschen zu versöhnen, konnten sie dann friedlich sterben.

Wer noch nicht auf dem Sterbebett liegt und die Notwendigkeit einsieht, sich auf Sterben und Tod vorzubereiten, kann daran arbeiten, seine spirituelle Praxis zu vertiefen – am besten täglich. Die Praxis kann das Üben von Konzentration, Kontemplation, Visualisation, den Umgang mit Denk-Gewohnheiten, die Arbeit an der inneren Haltung und anderes mehr umfassen. Es spielt dabei keine Rolle, ob mit Methoden geübt wird, die im Rahmen einer spirituellen Tradition gelernt wurden, oder ob Vorgehensweisen praktiziert werden, die im Laufe des Lebens selbst gefunden wurden. Das Ziel ist, durch die regelmässige spirituelle Praxis die Psyche zu stabilisieren. Im Folgenden einige allgemeine Beispiele.

Beten ist ein nahe liegender Weg. Die meisten kennen ihn aus der spirituellen Tradition, in der sie aufgewachsen sind. Nun geht es darum, aufgrund der geklärten Beziehung zum Göttlichen (siehe Kapitel 4) diese Beziehung inniger zu gestalten – in guten und in anderen Zeiten. Sorgen und Freuden, alles was einen bewegt darf darin seinen Platz haben. Das Herz teilt sich mit und ist erleichtert.

Ein anderes Beispiel: Das Leben gibt uns Schönes und Schwieriges. Wenn wir diese Erfahrungen – besonders die schwierigen – als Lebens-Lektionen annehmen und zu verstehen suchen, können wir ihre lichtvolle Essenz herauskristallisieren. So wird es möglich, positive persönliche Merksätze zu formulieren, von deren Wahrheit wir überzeugt sind weil wir die entsprechende Erfahrung selbst gemacht haben. Sie können unser Denken als Lebensweisheiten lichtvoll leiten. Einige Beispiele zu deiner Inspiration:

- Ich vertraue dem Leben.
- Loslassen ist befreiend.
- Der Göttliche Wille geschehe.
- Möge Freude mich erfüllen.
- Friede ist in mir.
- Mögen alle Wesen in allen Welten glücklich sein.

Die Inkarnation als Mensch – so sagen die spirituellen Traditionen – ist schwer zu erlangen und deshalb ein hohes Gut. Es gilt daher, sie in der zur Verfügung stehenden Zeit gut zu nutzen.

Negative Gefühle gut handzuhaben stellt ein weiteres lohnendes Übungsfeld dar, denn sie können auch im Sterbeprozess auftreten und ihn beeinträchtigen. Wer allerdings in seinem Leben dieser Aufgabe eher auswich, wird sie am Ende des Lebens kaum «aus dem Stand» meistern können. Deshalb kommt der Übung, dunklen Gefühlen nicht nachzugeben, sondern sie zu kontrollieren und immer mehr zu transformieren (siehe Kapitel 3), grosse Bedeutung zu. Unser Alltag bietet dafür wahrlich ausreichend Gelegenheit.

Licht ist, wie bereits dargestellt, im Sterben ein zentrales Thema. Je besser es uns gelingt, das Lichtvolle in unseren Alltags-Erfahrungen wahrzunehmen, desto leichter wird es uns auch im Sterben fallen. Man kann das ganz einfach trainieren, indem man sich in Situationen, in denen das Dunkle vorzuherrschen scheint, ein inneres Leuchten, eine alles durchdringende Helligkeit, ein strahlendes Licht wie die Sonne vorstellt. Das Licht erhellt die Psyche aller Beteiligten und das ganze System.

Damit gewöhnt man sich an die Präsenz des LICHTS. Eine hohe Stufe der Vorbereitung auf den Tod ist dann erreicht, wenn man durch die spirituelle Praxis die Lichtheit in allem erkennt. Dunkle Gedanken und Gefühle mögen weiterhin entstehen, doch wenn sie auf das lichtvolle Bewusstsein treffen lösen sie sich auf. Menschen, die das schaffen, wecken unsere Bewunderung. Treya Wilber (zitiert in Christine Longakers Buch, siehe Literaturverzeichnis; S. 102) sagt: «Freundschaft schliessen mit dem Krebs, Freundschaft schliessen mit der Möglichkeit eines frühen und vielleicht qualvollen Todes, das hat mich gelehrt, Freundschaft zu schliessen mit mir selbst, wie ich bin, und Freundschaft zu schliessen mit dem Leben, wie es ist. (...) Dieses wachsende Einverständnis mit dem Leben, wie es ist, mit all seinem Kummer, seinem Schmerz, seinem Leiden und seiner Tragik hat mir eine Art Frieden gebracht. Ich fühle mich immer stärker und immer echter verbunden mit allen leidenden Wesen. Ich nehme direkter und offener Anteil. Und ich entdecke in mir den stetiger werdenden Wunsch zu helfen, in jeder Weise, die mir möglich ist.»

Mitgefühl zu entwickeln und sich selbst lieben zu lernen sind zwei essenzielle Lebensaufgaben; sie gehören – wie die Lebens-Fragen – zu den Pflichtfächern in der Schule des Lebens. Selbst wenn sie erst im Sterben angegangen werden – sie zu praktizieren ist heilsam.

Abschliessend sei wiederholt: Entscheidend ist nicht, welcher spirituellen Tradition oder Lehre man folgt; entscheidend ist, **dass** man eine spirituelle Praxis befolgt. Mögest du beizeiten deine spirituellen Ideale praktizieren und sie dir immer mehr zu Eigen machen!

*

Was ist im Sterbeprozess wichtig? Die meisten Menschen haben vermutlich Angst vor einem bestimmten Aspekt des Sterbens: Angst vor Schmerzen, Angst, seine Lieben zu verlieren, seine Handlungsfähigkeit, seinen Besitz zu verlieren, Angst vor dem Unbekannten, das einen erwartet. Wenn unsere Ängste auch verschieden sind und jeder auf seine Weise stirbt – wir können uns an gewissen grundlegenden Vorgehensweisen orientieren, welche die Qualität unseres Sterbens positiv beeinflussen. Und zu wissen, dass wir konkret etwas tun können, hilft uns, vertrauensvoller und gesammelter in die Sterbephase einzutreten.

In Bezug auf die äusseren Verhältnisse haben wir Klarheit geschaffen; dies wurde im vorherigen Kapitelteil beschrieben und wird hier – um der Klarheit willen – kurz zusammengefasst wiederholt: Die Beziehungen zu Angehörigen und Freunden wurden geklärt, insbesondere, wer welchen Besitz erbt, wen man noch einmal sehen möchte, welche Beziehung Heilung braucht, wem man danken will. Auch für den Kontakt mit Behandelnden und Pflegenden wurden die eigenen Wünsche, für den Fall, dass man sie nicht mehr kommunizieren könnte, schriftlich festgehalten, zum Beispiel wo man sterben möchte, ob lebensverlängernde Massnahmen angewendet werden sollen oder nicht, was mit dem Körper nach dem Tod geschehen soll. Dieses Klären – besonders, wenn es frühzeitig angegangen wird – erleichtert die Psyche, denn sie kann sich nun auf innere Handlungsmöglichkeiten konzentrieren.

Häufig gehen Sterbende durch intensive psychische Erfahrungen. Ohne ein Wissen, worauf man sich ausrichten und wie man handeln kann bleibt einem nur das passive Erdulden der Phänomene. Wohl dem, der ein, zwei lichtvolle innerliche Vorgehensweisen kennt, sie geübt hat **und sich nun daran erinnert**.

In einer ersten Phase des Sterbens, die von vielen noch gar nicht dem Sterben zugeordnet wird und die auch nicht alle Menschen erleben, macht die Vitalitätskurve einen Knick nach unten, beispielsweise beim Ausbruch einer Krankheit, die zum Tode führen kann oder bei einer allgemeinen Verschlechterung des Gesundheitszustands. Spätestens zu diesem Zeitpunkt ist es wichtig, neben der medizinischen Behandlung die eigene spirituelle Praxis zu vertiefen (siehe ebenfalls vorheriger Kapitelteil). Wenn einen das zu sehr anstrengt, kann man auch nur die wichtigste Übung oder das wichtigste Gebet weiter pflegen. Wer bisher keine spirituelle Praxis pflegte und sich auch jetzt noch nicht damit befreunden mag, kann vielleicht als kleine Übung hin und wieder seine rechte Hand (oder beide) auf die Brustmitte legen. Das hilft, mehr zu sich zu finden und der Liebe des Herzens mehr Raum zu geben.

Viele Menschen haben Mühe, ihre Gedanken zu beruhigen. Die ideale Lösung für dieses Problem ist, den Verstand auf eine Weise zu beschäftigen, die zugleich beruhigend und heilend wirkt. Diese Anforderung erfüllen Mantras. Mantras sind Klänge. Man singt – hörbar oder auch nur in Gedanken – wiederholt eine Silbe oder eine Silbenfolge, die meist aus einer spirituellen Tradition stammt und von ihren Lehrern weitergegeben wird. Sathya Sai Baba hat neben verschiedenen vedischen Mantras wie zum Beispiel dem Gayatri-Mantra auch ein «Grundrezept» zur Verfügung gestellt, mit dem jeder sein persönliches Mantra gestalten kann: «Suche dir den Namen Gottes aus, der dir am nächsten steht. Als Christ wirst du wahrscheinlich Jesus Christus wählen. Setze vor diesen heiligen Namen den Urlaut OM, also ‹OM Jesus Christus›. Denn OM ist der

Urlaut, die Göttliche Schwingung, aus der das ganze Universum geschaffen ist.» (siehe Literaturverzeichnis: Sai Baba spricht über Beziehungen; S. 56)

Mantras eignen sich ebenfalls für die nächste Phase des Sterbens, die – wiederum nicht für alle gleich – dadurch gekennzeichnet ist, dass der betreffende Mensch sein «Sterbebett» nicht oder kaum mehr verlassen kann. Körperlich sehr geschwächt, kann er wenigstens an sein Mantra denken und es dadurch innerlich erklingen lassen.

In der buddhistischen Lehre wird Sterbenden die Haltung des «schlafenden Löwen» empfohlen: Man liegt auf der rechten Seite, die Beine gestreckt oder nur leicht angewinkelt. Der linke Arm ruht auf der linken Körperseite, die linke Hand auf dem linken Oberschenkel. Die rechte Hand stützt an der Wange den Kopf. Es heisst, dass der Buddha in dieser Haltung gestorben sei.

Die energetische Qualität, das heisst die Mischung von Dunkelheit und Licht, auf welche man sich in seinem Leben ausgerichtet hatte (siehe Kapitel 3), zeigt sich im Sterben in innerlichen Erfahrungen derselben Qualität. Wer dunklere Energien bevorzugte, erlebt nun dunklere Phänomene; wer lichtvollere Energien suchte und lebte, findet sich, während das Bewusstsein den Körper verlässt, in lichtvolleren Sphären.

Selbst in der letzten Phase des Sterbens ist jedoch eine Hinwendung zum Lichtvolleren noch möglich. Die Haltung des «schlafenden Löwen» beispielsweise übt einen positiven Einfluss in diese Richtung aus, da sie die subtilen Energien positiv lenkt. Konkreter und für den «guten Ausstieg» aus dem Körper entscheidend ist der feste Vorsatz und die Vorstellung, als Bewusstsein durch den Zentralkanal nach oben bis zum Scheitelpunkt des Kopfes aufzusteigen und da durch das Kronen-Chakra (Sanskrit: Sahasrara-Chakra) den Körper zu verlassen.

Das Wichtigste im Sterben ist, sich auf Licht, das reine liebevolle LICHT auszurichten, um in Frieden weitergehen zu können. Es ist in uns bereits da, denn wir **sind** LICHT. Somit erweist sich jede Übung, jede Visualisierung, welche «Licht» beinhaltet, als segensreich, da sie uns mehr zu unserer Wirklichkeit geleitet.

Licht kann beispielsweise durch die Fusssohlen aufgenommen werden. Anne und Daniel Meurois-Givaudan (siehe Literaturverzeichnis; S. 47) beschreiben eine Übung, in welcher man sich vorstellt, durch beide Fersen je einen breiten Lichtstrom aufzunehmen. Das Licht steigt in den Beinen bis ins Becken empor und erfüllt es mit Lebensenergie. Sie erklären, dass diese Technik – auf dem Sterbebett angewandt – nicht, wie man vielleicht vermuten könnte, dazu dient, eine verlöschende Lebensflamme wieder anzufachen, sondern dass sie einen Zustand inneren Friedens anregt, der Loslassen erleichtert.

Eine sehr wirkungsvolle Licht-Übung ist die Phowa-Praxis aus der tibetisch-buddhistischen Tradition. «Phowa» bedeutet Übertragen des Bewusstseins. Die Phowa-Praxis stammt aus den geheimen Lehren der alten Traditionen und wird vom Lehrer nur persönlich und schrittweise an seine Schüler weitergegeben, wenn diese die entsprechende Entwicklungsstufe erreicht haben. Sogyal Rinpoche (siehe Literaturverzeichnis; S. 259 – 264) hat daraus eine für alle Menschen geeignete Form destilliert, die er «essenzielle Phowa-Praxis» nennt. Er und seine Schülerin Christine Longaker (siehe Literaturverzeichnis; S. 184 – 188) lehren sie sowohl als eine Praxis für das Leben als auch für die Begegnung mit dem Tod. Zudem kann man damit anderen Menschen im Sterben und nach ihrem Tod beistehen. Die Praxis beruht auf der Visualisierung eines erleuchteten

Wesens als Widerspiegelung unserer Essenz. Dies erzeugt im Moment des Todes eine reine lichtvolle Erfahrung und schafft beste Voraussetzungen für einen lichtvollen Übergang.

Im Folgenden eine Zusammenfassung der essenziellen Phowa-Praxis:

- zur Ruhe kommen und sich entspannen
- ein erleuchtetes Wesen anrufen und seine Form vor sich im Raum visualisieren, bestehend aus strahlendem reinen Licht;
- möglich ist auch, sich strahlendes reines Licht ohne Form als Verkörperung von Wahrheit, Weisheit und Mitgefühl vorzustellen
- aus dem Innersten seine Wünsche und Bitten zu diesem Wesen senden; dieses reagiert sofort und sendet aus seinem Herzen einen Strom von Liebe in Form von strahlendem Licht; sich von diesem Licht durchdringen lassen – alles Leiden löst sich darin auf;
  durch dieses Licht sich selbst auch in Licht verwandeln;
  möglich ist auch, sich angesichts des reinen Lichts im Raum vor sich direkt in Licht zu verwandeln
- mit dem Licht verschmelzen («Licht verschmilzt mit Licht»).

*

Wie kann man Menschen im Sterben begleiten? Man kann einiges tun, um ihr körperliches und psychisches Wohlbefinden zu verbessern. Wichtiger jedoch als das «Tun» ist das «Sein» – da sein, bei sich sein und mit dem sterbenden Menschen sein.

Sterbebegleitung fordert uns einerseits heraus, möglichst achtsam zu sein, möglichst ehrlich zu sein, uns möglichst respektvoll zu verhalten, zumal ein Sterbender (in Folgenden wird um der leichteren Lesbarkeit willen jeweils die männliche Form verwendet) eine gewisse Hellhörigkeit, Hellsichtigkeit und Hellfühligkeit entwickelt. So gesehen ist die Begleitung eines Sterbenden Arbeit an sich selbst, an den eigenen Ängsten, an den eigenen Konzepten über Leben und Sterben und sie fördert den persönlichen Reifungsprozess. Andererseits beinhaltet Sterbebegleitung das Geschenk, einen Aspekt der Tiefe des Lebens miteinander teilen zu dürfen. Angesichts des Leidens beginnt sich die Lotosblüte des Herzens zu entfalten und Mitgefühl fliesst zum Sterbenden. Für Momente löst sich die Trennung zwischen «Ich» und «Du» auf und lässt uns die Heiligkeit des Lebens erahnen.

Welche Haltung ist in der Begleitung eines sterbenden Menschen angebracht? Ein Mensch, der seinen Tod vor Augen hat, ist oft in grosser innerer Not, in Panik, Trauer oder Zorn. Er kann kaum ein Gegenüber gebrauchen, welches mit ihm zusammen über die Ungerechtigkeit seiner Lage schimpft oder ihm gar seine Gefühle ausreden will. Er braucht eine Begleiterin (um der leichteren Lesbarkeit willen wird auch hier im Folgenden jeweils nur eine – die weibliche – Form verwendet), welche ihn annimmt, so wie er ist, weil sie an ihren eigenen Gefühlen gearbeitet hat beziehungsweise arbeitet. Zur Aufgabe des Begleitens gehört deshalb die Bereitschaft und die Fähigkeit, auf seine eigenen inneren Gefühlsreaktionen zu achten und sie, wenn nötig, ins Lichtvolle zu führen, oder sie, wenn angebracht, auszusprechen. Dazu je ein persönliches Beispiel der zwei bereits zitierten erfahrenen Sterbebegleiterinnen.

Joan Halifax (siehe Literaturverzeichnis; S. 25) beschreibt sehr ehrlich ihre Angst: «Dem Tod so nahe zu sein bereitete mir oft Angst. Ich fürchtete, ich könnte am selben erkranken, an dem der sterbende Mensch litt. Als ich dann aber erkannte, das ich das bereits hatte, was sterbende Menschen haben – Sterblichkeit –, hörte ich auf, mich darüber zu ängstigen.»

Und Christine Longaker (siehe Literaturverzeichnis; S. 135 – 136), die ihren an Leukämie erkrankten und sterbenden Mann Lyttle pflegte, erzählt sehr eindrücklich, wie sie an einen Punkt kam, wo sie erkannte, dass sie ihre Gefühle aussprechen musste: «Unsere Trauer, Angst und Frustration wuchsen an, doch wir rückten nicht damit heraus. Schliesslich gestand Lyttle seine aufgestaute Verzweiflung: ‹Ich will so nicht mehr weitermachen. Verstecke besser meine Schmerztabletten, sonst nehme ich sie noch alle, um endlich Schluss zu machen. Ich kann einfach nicht mehr.›

Ich schaute in den Arzneischrank, der bis zum Rand mit starken Betäubungsmitteln gefüllt war, und fragte mich, wo ich sie wohl in unserem kleinen Haus verstecken könnte. Lyttle war jeden Tag lange allein, wenn ich bei der Arbeit war, und würde sie sicher finden. Also musste ich die Flaschen mitnehmen. Ich schaute noch einmal auf die dicht gedrängten Reihen voller Fläschchen und erkannte, dass sie nicht in meine Tasche passen würden. In diesem Moment wurde mir klar, dass ich offen über meine Gefühle sprechen musste.

Ich ging zurück zu Lyttle und sagte: ‹Es ist auch für mich nicht leicht, dass du krank bist. Ich sorge entweder zu Hause für dich oder besuche dich jeden Abend im Krankenhaus. Ich kümmere mich um unseren Sohn, gehe jeden Tag zur Arbeit und erledige den gesamten Haushalt ohne dich. Und ich weiss, dass ich eines Tages ganz allein sein werde, weil du nicht mehr da sein wirst. All das ist nicht einfach, doch ich nehme es bereitwillig auf mich, weil ich dich liebe. Aber wenn du dir das Leben nimmst, könnte ich es nicht verkraften. Das wäre zu viel für mich.›

All unsere Traurigkeit, unsere Tränen und Enttäuschung, die wir den ganzen Monat zurückgehalten hatten, brachen in dem darauf folgenden Gespräch aus uns heraus. Endlich waren wir ehrlich zueinander. Und diese Offenheit beschwor keine Weltuntergangsstimmung herauf, im Gegenteil, uns war endlich wieder leicht ums Herz! Nachdem wir unsere Tränen und unsere Trauer miteinander geteilt hatten, konnten wir uns auch unsere Liebe wieder zeigen, und sogar miteinander lachen und uns freuen. Es war, als wären wir beide wieder zum Leben erwacht.»

Die Begleitung eines sterbenden Menschen kann somit starke Gefühle auslösen. Manchmal packt unser Ego die Gelegenheit und drängt uns, diesen Energien eine Gestalt zu geben, sie zu unserer persönlichen «Begleitungs-Rolle» zu formen. Joan Halifax (siehe Literaturverzeichnis; S. 113 – 121) hat mehrere solcher Ego-Rollen – Schattenseiten der hilfreichen und aufopfernden Tätigkeit der Sterbebegleiterin – definiert.

Die «Heldin» beispielsweise lebt im Gefühl, die einzige Person zu sein, die wirklich helfen könne. Sie trägt in ihrer Vorstellung die Hauptlast der Begleitung und fühlt sich demzufolge auch oft allein gelassen. Zugleich sehnt sie sich sehr nach Anerkennung für ihr Tun. Sie kann indes lernen, ihren Hunger nach Anerkennung auf andere Weise zu erfüllen und Verantwortung zu teilen.

Die «Märtyrerin» bürdet sich zu lange zu viel auf. Sie sagt immer «ja», kann aber aus Überforderung innerlich nicht mehr liebevoll präsent sein. Sie kann lernen, gut für sich selbst zu schauen, Pausen zu machen und anderen das Feld zu überlassen.

Der «Elternteil» spricht viel, gibt Anweisungen und übernimmt sozusagen das Kommando. Das kann sich zum Beispiel darin äussern, streng darauf zu achten, dass der Sterbende seine Medikamente zur rechten Zeit einnimmt oder nie allein gelassen wird. Der «Elternteil» kann lernen, loszulassen und die Führung im Sterbeprozess dem Sterbenden zu überlassen.

Die «Expertin» verhält sich «allwissend», während sie sich innerlich von der Situation und vom Sterbenden distanziert – vielleicht, weil sie nicht mit den starken Gefühlen umgehen kann, die in ihr angeregt werden. Sie kann lernen, mit Menschen, denen sie vertraut, über ihre tiefen Gefühle zu sprechen und dadurch zu vertieftem Mitgefühl zu finden.

Die «Priesterin» glaubt, den spirituell richtigen Weg für einen «guten Tod» zu kennen, und sie versucht, den Sterbenden und sein Umfeld in diese Richtung zu beeinflussen. Sie schlägt beispielsweise vor, dass er zu Hause sterben solle (obwohl der Sterbende vielleicht gerne im Spital bleiben würde) oder dass die ganze Familie sich am Sterbebett versammeln solle (obwohl der Sterbende vielleicht gerne alleine wäre) und anderes mehr. Sie kann lernen, sich zu entspannen, ihre Vorstellungen loszulassen und das eigene Nicht-Wissen anzuerkennen, denn jeder Sterbende und jeder Tod ist einzigartig.

Wenn in der Sterbebegleitung durch Selbstbeobachtung und das Feedback anderer erkannt wird, dass einer dieser Archetypen die eigene Tätigkeit als Begleiterin verdunkelt, eröffnet sich daraus die Möglichkeit, diesen Aspekt von sich selbst zu heilen und dadurch umfassender, reiner und lichtvoller für den Sterbenden da zu sein – in Mitgefühl und ohne Angst.

Was kann man denn – innerlich klar in Bezug auf die eigene Haltung – konkret für einen sterbenden Menschen tun? Beginnen wir mit dem, was in der Kommunikation mit **jedem** Mitmenschen selbstverständlich ist: den Sterbenden – was er auch immer sagt oder tut – mit höchstem Respekt behandeln. Das bedeutet beispielsweise, sich achtsam zu bewegen, freundlich und liebevoll zu sprechen und auch so zu denken(!), denn, wie bereits erwähnt, Sterbende nehmen sehr vieles – auch Unausgesprochenes – wahr.

Am Sterbebett soll somit nicht über sie, sondern **zu ihnen** gesprochen werden.

Manche Sterbende sind in der Lage, sich bis kurz vor ihrem Tod mit anderen zu unterhalten. Einige von ihnen wollen vielleicht noch Wichtiges besprechen. Als Gesprächspartnerin kann man dem Sterbenden zum Beispiel helfen, zu erkennen, dass er in seinem Leben viel geleistet und viel erreicht hat und dass sein Leben einen Sinn hat. Man kann ihn unterstützen, Beziehungen zu heilen, indem er um Verzeihung bittet und selbst verzeiht. Man kann in ihm Hoffnung wecken. Wenn er extreme Gefühle erlebt und ausdrückt, muss man sie nicht persönlich nehmen und kann in Mitgefühl da sein und ihm wertschätzend zuhören. Man kann den Sterbenden auch an seine spirituelle Praxis erinnern oder ihm helfen, seine eigene zu entwickeln und sei es nur ein einfaches Gebet.

Eine wichtige Leitlinie für die Begleitung besteht darin, auf die spirituelle Ausrichtung des Sterbenden zu achten und mit ihr zu gehen. Dies bedeutet beispielsweise, dass es nicht angebracht ist, ohne sein Einverständnis einem Christen ein buddhistisches Mantra vorzusingen oder am Sterbebett eines Atheisten ein Gebet zu sprechen. Die Begleitung soll einen Sterbenden ja nicht irritieren, sondern unterstützen, friedlich zu sterben.

Manche Sterbende können in der letzten Zeit nicht mehr verbal kommunizieren. Da nonverbale Kommunikation schwieriger zu interpretieren ist, erfordert die Begleitung dieser Menschen noch mehr Achtsamkeit. Dies gilt im Speziellen auch für alle Berührungen. Eine sanfte Massage, die in der Zeit der Krankheit noch geschätzt wurde, wird nun vielleicht nicht mehr ertragen. Wenn das explizite Einverständnis jedoch eingeholt wurde können manche Sterbende der sehr sanften im vorherigen Kapitelteil dargestellten Übung zustimmen, Licht durch die Fusssohlen aufzunehmen – in einer (für den Sterbenden) passiven Form. Die Übung wird dann von der Begleiterin durchgeführt, die mit je einer Hand sanft die beiden Fersen des Sterbenden umfasst (ohne die Beine im Geringsten anzuheben) und sich vorstellt, liebevoll Licht durch die Beine bis ins Becken zu senden.

Kontemplationen und stille Gebete der Begleiterin wirken sich positiv auf die Atmosphäre am Sterbebett aus. Am hilfreichsten für den sterbenden Menschen sind diese innerlichen spirituellen Aktivitäten, wenn sie möglichst rein, das heisst frei von persönlichen Wünschen gehalten werden.

Eine andere wichtige Leitlinie für die Begleitung – speziell auch für Angehörige – besteht darin, am Sterbebett nicht zu trauern. Das Trauern naher Menschen hält den Sterbenden zurück und verlängert so unter Umständen sein Leiden. Am besten ist es, vorher und nachher zu trauern. Dann kann man im Sterbeprozess für den Sterbenden eine Quelle positiver Energie sein. Vorher zu trauern bedeutet zum Beispiel, sich schon früh mit dem näher kommenden Tod des Angehörigen oder Freundes auseinanderzusetzen, den Schmerz zu teilen und einander loszulassen. Einige Zeit nach dem Tod, wenn die Beisetzung vorbei ist, kann man dann den vielleicht länger dauernden zweiten Teil des natürlichen Trauerprozesses geschehen lassen.

Ein verstorbener Mensch lebt weiter – in unserer Erinnerung und in seinem Lichtkörper! Die Tibeter haben ein Sprichwort, vom Dalai Lama als Leitspruch seines Buches (siehe Literaturverzeichnis) zitiert: «Jeder stirbt, aber keiner ist tot.» Unsere Beziehung zu ihm hält an: wir denken an ihn, wir sprechen vielleicht mit ihm. Eine weitere wichtige Leitlinie besteht nun darin, den Verstorbenen – auch in Gedanken – nicht mehr als die Person anzusprechen, die er war, sondern als die Essenz, die er ist. Nehmen wir an, der Verstorbene hiess in seinem Leben «Peter», so kann er als «Seele von Peter» angesprochen werden. Wenn man seinen Namen nicht kennt, kann zum Beispiel die Formulierung «liebe Seele» gewählt werden. Auch wenn man für ihn betet, sollte man ihn so nennen! Das ist keine Spielerei, sondern ein Ernstnehmen dessen, dass seine Inkarnation beendet ist und er weitergeht.

Die wahrscheinlich grösste Hilfe, die man einem Verstorbenen zukommen lassen kann ist die Vorstellung von Licht. Man stellt sich ihn von Licht umgeben, mit Licht durchdrungen, aus Licht bestehend vor.

Andere Menschen im Sterben begleiten zu dürfen ist ein grosses Geschenk, denn wir lernen dabei auch, uns auf unser eigenes Sterben vorzubereiten und können so dem Tod freundlich entgegenblicken.

Fragen zur Reflexion und Integration:
- Wenn ich mein Leben als Ganzes betrachte: Wozu bin ich hier? Was ist der Sinn dieses Lebens?
- Wie gehe ich damit um, dass der Tod jederzeit kommen kann?
- In einer Situation, in welcher der Gedanke entsteht, mir das Leben zu nehmen, tue ich es nicht, weil .....?
- Welche spirituelle Praxis liegt mir? Was würde es brauchen, damit ich mich im Sterbeprozess daran erinnere?
- Wenn ich heute sterben würde: Ist «mein Haus in Ordnung»? Sind meine Beziehungen in Frieden?

7 Ausgewogenheit anstreben und Frieden finden

Leben fliesst zwischen zwei Polen – in unzähligen Variationen: Tag und Nacht, Ebbe und Flut, Lärm und Stille, Anstrengung und Erholung, Freud und Leid, Einatmen und Ausatmen und unendlich viele mehr. Die Art und Weise des Fliessens mag sich unterschiedlich gestalten, fast immer jedoch scheint die Bewegung in die eine Richtung die Bewegung in die andere Richtung geradezu hervorzurufen. Diese Bewegung in die andere Richtung ist in der ersteren wie im daoistischen Yin-Yang-Symbol gleichsam als Keim bereits enthalten. Die beiden bedingen einander; sie gehören untrennbar zusammen.

Das deutet auf ein Lebensgesetz hin, wonach alle Prozesse stets den Ausgleich suchen. In unserer Alltagserfahrung ist das nicht immer einsichtig. Was sich bei physikalischen und chemischen Prozessen in Sekunden abspielen und beobachtet werden kann, kann bei sozialen und gesellschaftlichen Prozessen Monate, Jahre oder Generationen dauern. Dennoch wirkt die Kraft des Ausgleichs auch hier und jede ungleiche Verteilung strebt zur Ausgewogenheit.

Ausgewogenheit im Bereich der Persönlichkeit ist ein Bewusstseins-Zustand, der sich durch ausgewogenes Denken, Reden und Handeln auszeichnet. Zugleich beinhaltet er die Fähigkeit, Störungen des Gleichgewichts in relativ kurzer Zeit abzufedern und zu neutralisieren. Das zeigt zum Beispiel in der Anpassungsfähigkeit des Pulses oder in der Stabilität der Emotionen angesichts herausfordernder Situationen. Weder werfen einen die Ereignisse aus der Bahn noch blendet man sie aus; man bleibt im Frieden – im inneren und äusseren Frieden. Frieden ist mehr als die Abwesenheit von Unfrieden in irgendeiner Form. Frieden als Essenz ist die Ausrichtung auf die Einheit des Lebens; sie schliesst nichts aus.

Immer wieder ins Gleichgewicht finden – diese Aufgabe begleitet uns jeden Tag unseres Lebens. Unser Erwachen am Morgen mündet vielleicht sogleich in das gedankliche Verarbeiten eines Traumes; im Aufstehen müssen wir dann die körperliche Balance finden, um die ersten Schritte zu gehen. Bald sind wir mit den Vorhaben konfrontiert, die für diesen Tag geplant sind, mit den Ansprüchen unserer Mitmenschen, mit dem Fortschreiten der Zeit, mit unserem Gesundheitszustand, mit dem Wetter, mit Geschehnissen im näheren und weiteren Umfeld. Sie alle wirken sanft oder kräftig auf uns ein; wir reagieren darauf und in unserer Reaktion versuchen wir meist, die (oft nur unbewusst) wahrgenommenen Ungleichgewichte auszugleichen. Manchmal giessen wir aber auch Öl ins Feuer und schiessen über das Ziel hinaus, so dass unsere Reaktion ein Ungleichgewicht verstärkt. Diese zwei Reaktionsweisen entsprechen zwei Gleichgewichtsprozessen: Sich-Einpendeln und Sich-Aufschaukeln.

Beispiel Rad fahren: Jede Fahrt auf diesem unstabilen weil nur auf zwei Punkten ruhenden Gefährt erfordert ein andauerndes Ausgleichen des sich verschiebenden Gleichgewichts. Da dieses Ausgleichen aber nicht über das Denken sondern über den Bewegungssinn geschieht, wird das Immer-wieder-zur-Mitte-Finden im Organismus rasch automatisiert und muss nicht mehr bewusst gesucht werden.

Wenn nun das gefundene Gleichgewicht durch bestimmte Einwirkungen, zum Beispiel einen Windstoss bedroht wird, reagiert der

Organismus, und führt solange dem Impuls angepasste Gegenbewegungen aus, bis sich das System wieder eingependelt hat. Wenn die Gegenbewegung jedoch unkoordiniert oder zu stark ausfällt, kann sich das System auch aufschaukeln und die Balance völlig verlieren – man stürzt vom Rad.

Ein anderes alltägliches Beispiel, wo Energien sowohl sich aufschaukeln als auch sich einpendeln stellen Konflikte dar. Die zwei Konfliktparteien – betrachten wir einen einfacheren Fall von zwei Menschen in einem Streitgespräch – sind sich in einer Sache uneinig; sie tauschen Argumente aus; sie bekämpfen sich mit Worten – und irgendwann gewinnt das Verständnis die Oberhand; die Aufregung legt sich; man einigt sich und ist zufrieden.

Manchen indes sind Einigungen, vor allem wenn sie sich schnell ergeben, suspekt. Sie geniessen es, wenn «die Fetzen fliegen» und starke Emotionen angeregt werden. Gerade in Beziehungen, so argumentieren sie, sei das der «Pfeffer», welcher der Beziehung Lebendigkeit verleihe. Die beiden Prozesse werden von verschiedenen Menschen also unterschiedlich bewertet.

Sich-Aufschaukeln entfesselt Energie. Wenn der Prozess ungebremst weiterläuft, wird irgendwann der Punkt erreicht, wo eine Grenze überschritten wird, wo etwas zerbricht, wo sich das System irreversibel verändert. Auch dies lässt sich wiederum unterschiedlich interpretieren. Sich-Aufschaukeln kann positiv bewertet werden, wenn man sich beispielsweise in einen «Schaffensrausch» hineinsteigert und darin eine Leistung vollbringt, welche man vorher nicht für möglich gehalten hatte, oder wenn die Mitglieder einer Gruppe oder eines Teams in einem kreativen Prozess einander zu einer Erfindung, zu einer neuen besseren Lösung inspirieren.

Demgegenüber werden zum Beispiel der immer ungezügeltere Konsum eines Rauschmittels oder die Eskalation eines Krieges zu Recht als negatives Sich-Aufschaukeln bewertet. Die oft zu wenig erkannte Gefährlichkeit sich aufschaukelnder Prozesse liegt darin, dass mit grosser Wahrscheinlichkeit Energien, welche grösser als die einzelnen Akteure sind, die Kontrolle übernehmen und eine – unter Umständen zerstörerische – Eigendynamik entwickeln.

Sich-Aufschaukeln kann ein System verändern – durch Sich-Einpendeln wird es stabilisiert. Das bedeutet nicht, dass nun keine Energie mehr fliesst, sondern die Art und Weise ihres Fliessens wirkt sich stabilisierend aus. In unserem Organismus beispielsweise sind viele Gleichgewichtsprozesse aktiv, die Organe oder Zellen untereinander ausbalancieren. Sogar die einzelne Körperzelle sucht in sich ihr Gleichgewicht: In der Zelle werden gewisse Stoffe abgebaut, während andere aufgebaut werden. Dadurch verändern sich die Konzentrationen dieser Stoffe. Zugleich werden die abgebauten Stoffe von aussen wieder zugeführt beziehungsweise die aufgebauten Stoffe nach aussen abgegeben. Obwohl also ein Zufluss oder ein Abfluss bestimmter Stoffe stattfindet, bleibt die **Konzentration** dieser Stoffe in der Zelle praktisch gleich – so wie bei einem Brunnen das Wasser den Brunnentrog immer gleich hoch füllt, während dauernd Wasser zufliesst und abfliesst.

Welch grosse Leistung einer kleinen Zelle: inmitten sich verändernder Umstände den optimalen Zustand aufrechtzuerhalten! Sich auf diesen einzupendeln ist somit nicht ein einmaliger Prozess, sondern ein andauernder, ein dynamischer, ein fliessender. Die lebende Zelle befindet sich im Zustand des Fliessgleichgewichts, ein Gleichgewichtszustand, welcher sich immer wieder ein wenig verändert und zugleich wiederhergestellt wird.

Dieses dynamische Gleichgewicht, das sich bewegt und doch bestehen bleibt, ist der Ausdruck des LEBENS. Lebendig sein heisst im fliessenden Gleichgewicht sein – in freier fliessender Bewegung zum Beispiel, im Gehen, auch im Stehen, gar im Sitzen. Im Organismus nennen wir die Empfindung des ungehinderten und ausgeglichenen Fliessens Gesundheit. In der Psyche, im Bereich der Gedanken und Gefühle manifestiert sich das dynamische Gleichgewicht als innere Ausgewogenheit, als Gleichmut. In persönlichen Beziehungen wird das fliessende Gleichgewicht als achtsamer Austausch von Geben und Nehmen erfahren, zum Beispiel als respektvolle Herzlichkeit.

Ein ausgewogener Mensch vertritt durchaus eine klare Meinung, doch ist er auch bereit, andere Meinungen zu hören und zu prüfen. Er ist gewillt und im Stande, sie in seine Meinungsbildung mit einzubeziehen. Sein Interesse kann sich auf viele Gebiete erstrecken; er ist jedoch fähig, sich auf ihr Wesentliches zu fokussieren. In Bezug auf Extreme hält er sich zurück und sucht das rechte Mass. Damit lebt er das Prinzip des dynamischen, des fliessenden Gleichgewichts: **sowohl – als auch**.

«Sowohl – als auch» bedeutet nicht, immer in beiden Optionen aktiv zu sein, sondern das für diesen Zeitpunkt Stimmige, Angemessene zu wählen. Es meint auch nicht, sowohl das Negative als auch das Positive zu denken, zu sagen, zu tun. Ein ausgewogener Mensch verhält sich nicht bisweilen etwas unfreundlich und dann wieder freundlich; er lebt nicht hin und wieder Hass und dann wieder Liebe. Sein Denken, Reden und Handeln findet innerhalb eines Rahmens statt, der von den menschlichen Grundwerten Wahrheit, Rechtschaffenheit, Frieden, Gewaltlosigkeit und Liebe gebildet wird (siehe «Die 7 Lebens-Fragen», S. 118 – 119).

Ausgewogenheit, der freie und harmonische Fluss der Energien zeigt sich in einem Menschen oft als Ausstrahlung von grosser Ruhe und Gesammeltsein. Ein Mensch kann jedoch auch ruhig wirken, weil er das Fliessen der Energien in sich sehr eingeschränkt hat. Er «hält» sozusagen «innerlich den Atem an». Auf den ersten Blick scheint er im Gleichgewicht zu sein, doch das Gleichgewicht fliesst nicht, schwingt nicht.

Das dynamische, das fliessende Gleichgewicht des ausgewogenen Menschen kann mit einer dieser altmodischen zweiarmigen Waagen mit zwei Waagschalen verglichen werden, die sich in relativer Ruhe befindet, doch frei um ihre Mitte schwingen kann. Der nicht ausgewogene Mensch hingegen lebt ein «gehaltenes» Gleichgewicht, vergleichbar damit, dass unter die Waagarme Holzklötze in der entsprechenden Höhe gelegt sind, so dass sie sich nicht mehr bewegen können. Diese gehaltene Energie kann sich beispielsweise in «engstirniger» Denkweise manifestieren, die auch gegen gute Argumente stur und blind verteidigt wird, in angstvollem Verhalten, in eingeschränkter Bewegung, obwohl die Bewegungsfähigkeit an sich vorhanden wäre. Das Prinzip des «gehaltenen» Gleichgewichts lässt sich mit **«weder – noch»** zusammenfassen. Weder die Bewegung zur einen noch die Bewegung zur anderen Seite ist erwünscht. Der Bewegungsimpuls bleibt latent; er manifestiert sich nicht.

Dieser Ort der Ruhe entspricht nicht der «Mitte» eines fliessenden Gleichgewichts, denn ein «gehaltenes» Gleichgewicht ist fast immer ein «gehaltenes» Ungleichgewicht. Das Halten eines Ungleichgewichts führt zu einer Spannung im betreffenden System und es kostet Energie.

Eine verhaltene Bewegung beziehungsweise eine Ausweichbewegung, die im Zusammenhang mit einem Unfall erlernt wurde, wird beibehalten. Eine Beziehung wird, um eine weitere grosse

Eskalation zu vermeiden, «auf Sparflamme» weitergeführt. Eine Erkenntnis, die im Rahmen einer Erfahrung gemacht wurde, wird als Richtschnur für weitere ähnliche Erfahrungen verallgemeinert. Dieses Einschränken der Fülle der Möglichkeiten des Lebens auf eine kleine Spanne erinnert an das Bilden von Gewohnheiten (siehe Kapitel 5). Tatsächlich sind unsere Gewohnheiten «gehaltene» Gleichgewichte. Das sagt aber noch nichts über ihren Sinn und ihren Nutzen. Von da her ist die Unterscheidung von hilfreichen und hinderlichen Gewohnheiten so wichtig: Sie zeigt uns auf, ob die Investition unserer Energie uns (und anderen) dient oder nicht.

Ein weiteres, ein ausführlicheres Beispiel: In bestimmten Regionen der Alpen lebten früher Wild und Wölfe. Gab es mehr Wild, gab es aufgrund des grösseren Nahrungsangebots mehr Wölfe. Diese frassen mehr Wild, worauf sich der Wildbestand verringerte. Dadurch konnten weniger Wölfe überleben, was dem Wild wiederum grössere Überlebenschancen einräumte. Ein fliessendes Gleichgewicht stellte sich ein.

Dann begann der Mensch, um seinen Anspruch auf Wild durchzusetzen, vermehrt Wölfe zu jagen und rottete sie schliesslich aus. Er schuf damit ein Ungleichgewicht, denn das Wild vermehrte sich nun sehr stark und verursachte durch Wildverbiss grosse Schäden an Pflanzungen und am Jungwald. An den Hängen kamen immer mehr Bäume zu Schaden, was die Lawinengefahr für die Dörfer im Tal erhöhte. Ein Ungleichgewicht führte zu einem weiteren Ungleichgewicht.

Man beschloss daher, jedes Jahr so viele Tiere abzuschiessen, bis eine gewisse Maximalzahl an Wild erreicht war, von der man glaubte, dass der Baumbestand dadurch nicht zu sehr geschädigt würde. Damit schuf man ein «gehaltenes» Ungleichgewicht. Die Abschussquote musste allerdings jedes Jahr neu angepasst und die entsprechende Anzahl Tiere getötet werden, so dass weder zu viel noch zu wenig Wild in der Gegend lebte.

In der Realität dieses Beispiels liefen viele weitere Gleichgewichtsprozesse ab und übten einen Einfluss aus. Um der Übersichtlichkeit willen wurde es jedoch einfach gehalten. Dennoch zeigt auch die vereinfachte Darstellung, wie viel Energie eingesetzt werden muss, um ein nicht fliessendes (Un-)Gleichgewicht aufrechtzuerhalten.

Eine Bewegung wird von einer Gegenbewegung harmonisch aufgefangen, die Energie eines Gefühls in eine konstruktive Bahn gelenkt, ein Gespräch als achtsamer Dialog geführt – manchen ist das zu langweilig! Vor allem Menschen im Frühling ihres Lebens wollen ihre wachsende Kraft ausleben, nicht dosieren. Sie wollen nicht warten, bis sie einen Anteil erhalten; sie wollen das Ganze, jetzt. So üben einige von ihnen zum Beispiel Sport in einer Weise aus, die bis an die Grenze des Möglichen geht, bis zum Extrem. Andere suchen die extreme Erfahrung beispielsweise im Missbrauch von psychoaktiven Substanzen; wieder andere im Positiven, indem sie in Weltgegenden gehen, wo ausserordentliche Not herrscht und dort ihre Hilfe zur Verfügung stellen. Extreme gehören zum Leben – sie stellen seine Spannweite dar.

Die Suche nach dem Ausreizen der Möglichkeiten verlagert sich schon bald, spätestens aber im Sommer des Lebens vom Körperlichen mehr ins Psychische. Meinungen werden pointierter geäussert und eigene Charaktereigenschaften immer deutlicher ausgespielt. Dies kann eine wachsende Einseitigkeit im Denken, Reden und Handeln zur Folge haben, wie wenn die weiter oben erwähnte Waage einseitig immer mehr belastet wird. Manche treiben diese einseitige Ausrichtung dann auf die Spitze: in Zielen, die sie setzen, in Ideologien, die sie verkünden, in Geschäftsprozessen, die sie gestalten. Nur der eine Pol des ganzen Spektrums wird angestrebt. Sie leben ein Extrem, weit weg vom Gleichgewicht.

Ein System, das häufig, anhaltend und vor allem extrem aus dem Gleichgewicht gebracht wird, reagiert irgendwann. Das Extrem kippt ins andere, ins gegensätzliche Extrem. Unser Alltag ist voll von Beispielen. Die über die Sicherheitslimite hinaus ausgeführte Sportaktivität führt zur Bewegungsunfähigkeit und zur absoluten Ruhe im Spitalbett. Das für einen vermeintlichen grossen Gewinn in einer Spekulation eingesetzte Vermögen geht verloren und führt zum Bankrott. Die aus Profitgier absichtlich schlecht gehaltene Qualität des Baumaterials führt zum Einsturz des Bauwerks und zum Gefängnisaufenthalt des Bauunternehmers. Extreme können nicht über längere Zeit stabil sein. Das LEBEN stellt den Ausgleich her.

Wenn Extreme sich manifestieren, wird auch ihr Prinzip deutlich: **entweder – oder**. Menschen mit der Tendenz zum Extrem sehen nur das eine oder das andere – nichts dazwischen: «Entweder du ..... oder ich löse die Beziehung auf!» «Entweder die erstatten mir den Kaufpreis zurück oder ich kaufe da nie mehr ein!» Sie befinden sich – mindestens in diesem Moment – gewissermassen in einem Überlebensmodus, wo durch die Verengung des Blickfeldes nur noch Kampf oder Flucht zur Auswahl stehen.

Die drei beschriebenen Zustände im Zusammenhang mit dem Thema «Gleichgewicht» – das fliessende Gleichgewicht, das «gehaltene» Gleichgewicht beziehungsweise Ungleichgewicht, das Extrem – finden eine Entsprechung in den Veden: die drei psychischen Zustände (Sanskrit: Gunas) Sathwa, Tamas und Rajas. Sie stellen nicht nur momentane Stimmungen dar, sondern können als grundlegende innere Haltungen betrachtet werden.

Tamas ist die Trägheit. Ein von ihr dominierter Mensch wird als passiv, dumpf und ohne Mitgefühl erlebt. Er ist unklar über die wichtigen Dinge des Lebens und lässt gerne andere für sich arbeiten, statt selbst anzupacken. Tamas wird mit der Farbe Schwarz assoziiert. Es ist der Zustand des «gehaltenen» (Un-)Gleichgewichts.

Rajas ist die Aggression. Sie ist gekennzeichnet von Leidenschaft, Verlangen und Kampf und sie geht in Richtung des Extrems. Ein rajasisch geprägter Mensch wirkt unruhig, impulsiv, masslos, rechthaberisch, machthungrig. Er will etwas tun. Rajas ist mit der Farbe Rot verbunden.

Sathwa ist die Ausgewogenheit. Ein sathwischer Mensch lebt Gleichmut, Gelassenheit und Empathie. Er ruht in sich, im fliessenden Gleichgewicht, und verhält sich respektvoll und massvoll. Er wirkt furchtlos und sein Anliegen ist es, für das Gute des Ganzen tätig zu sein. Zu Sathwa gehört die Farbe Weiss. Welche Aspekte der drei Zustände sprachen dich an?

Wie findet man zu Ausgewogenheit und Frieden? Ein Weg besteht darin, die gehinderte Bewegung von «gehaltenen» (Un-) Gleichgewichten wieder zuzulassen, ihr **Raum zu geben, Raum zu lassen**. Ausschliessende Denkweisen beispielsweise bewirken, dass wir uns mit gewissen Ideen, Themen, Menschen gar nicht erst einlassen. Sich selbst mehr Raum zu geben und zu erlauben, weiter zu denken lockert die mentale Verspannung und baut zudem Ego ab. Die zuvor in das Festhalten von rigiden Meinungen investierte Energie steht dem Leben wieder zur Verfügung, wie wenn in ein ausgetrocknetes Flussbett wieder Wasser einströmt. Dies ermöglicht neues Lernen.

Gehaltene Energie zeigt sich auch im verhaltenen Atem. Wenn eine Anspannung sich wieder löst, spüren wir das als befreiendes

Aufatmen oder Aufseufzen. Mit bewusstem tiefem Atmen kann dies selbst ausgelöst werden. Dem Atem Raum zu lassen – in der Vorstellung bis ins Becken – bringt Bewegung und aktiviert Vitalenergie.

Auch im Fühlen, im Herzen ist Raum lassen heilsam. Wir werten andere nicht mehr ab oder verschliessen uns ihrer Not nicht mehr, sondern geben der Wertschätzung und dem Mitgefühl für sie Raum. Wie bereichernd, wenn wir es schaffen, sogar Menschen, welche Ablehnung scheinbar «verdienen», einen Platz im Herzen zu geben!

Raum geben, Raum lassen ermöglicht es den gehaltenen Energien, die weder das eine noch das andere durften, freier zu schwingen und sich mehr sowohl in die eine als auch in die andere Richtung zu bewegen.

Wenn statt einem «gehaltenen» Gleichgewicht ein Extrem im Spiel ist, besteht der Weg darin, **der anderen Seite auf eine positive Art und Weise Gewicht zu geben**.

Mancher, der sich seiner extremen Verhaltensweise bewusst wird und etwas verändern will neigt allerdings dazu, sich ins andere Extrem zu flüchten. Statt sehr viel zu arbeiten legt er sich nun an den Strand und tut gar nichts. Statt sich und anderen kaum etwas zu gönnen «wirft er sein Geld» nun «zum Fenster hinaus». Der Volksmund nennt das: «Er fällt von einem Extrem ins andere.»

Die Bewegung von einem Extrem ins andere Extrem erfüllt in gewisser Hinsicht das Gesetz des Ausgleichs: Die andere Seite kommt zum Zug. Wenn ein Extrem jedoch durch ein anderes ersetzt wird, verschlechtert sich die Energiequalität, vor allem wenn es ausschliesslich oder verbissen gelebt wird. Man «gerät vom Regen in die Traufe». Und: Zwischen den Extremen fehlt die Mitte!

Wie findet man die gute Mitte? Betrachten wir das Beispiel einer tiefen Beziehung, einer Ehe. Wenn zwei Menschen eine Beziehung eingehen, wird damit auch die Polarität «Freiheit versus Bindung» zu einem Thema. Je negativer einer der beiden oder beide im Laufe der Beziehung darüber denken – beispielsweise «ich bin nun gebunden, angebunden, unfrei» –, desto tiefer sinkt das psychische Energieniveau dieser Polarität, desto «dunkler» wird sie. Der Aspekt «Bindung» wird nun immer mehr als einschränkend erlebt, der Aspekt «Freiheit» dementsprechend immer mehr als bedroht.

Abhilfe schafft das partnerschaftliche Ausdiskutieren des Stellenwerts der beiden Polaritäten, um zu klären, wie viel Freiheit und wie viel Bindung jeder der beiden leben beziehungsweise dem anderen zugestehen will. Das bringt «Licht ins Dunkel». Wenn die Diskussion darüber fair geführt und der andere geachtet wird, kann ein guter tragfähiger Kompromiss gefunden werden. Als «gut» wird ein Kompromiss erlebt, wenn die beiden Polaritäten nun in einer deutlich lichtvolleren Ausprägung vertreten sind als zuvor und das Beziehungssystem weniger von Angst beeinträchtigt wird.

Zudem ist eine individuelle Klärung jedes Beziehungspartners hilfreich, die – vielleicht im Kontext einer guten Psychotherapie – zum Ziel hat, alte einschränkende Konzepte über Bindung und Freiheit aufzuhellen. Ihr Erfolg zeigt sich darin, ob dunkle Gefühle sich aufgelöst haben beziehungsweise ob freundliche Gefühle für den Partner wieder die Oberhand gewinnen.

Somit wird deutlich, dass sich der «Lichtgehalt» dieses Polaritätenpaares in einem grossen Spektrum von negativ bis positiv, von dunkel bis lichtvoll bewegen und durch «Arbeit an sich selbst» beziehungsweise «Arbeit an der Beziehung» erhöht werden kann.

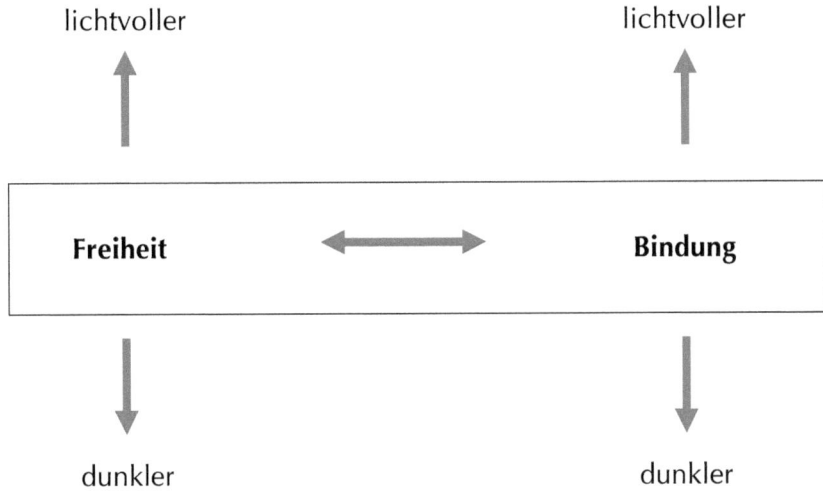

Was ist mit «dunkel» beziehungsweise «lichtvoll» in unserem Beispiel konkret gemeint (siehe auch die folgende Darstellung der beiden Polaritäten)? Freiheit als lichtvolle Polarität in einer Beziehung zu leben bedeutet, seine freie Zeit, seine eigenen Interessen, seine Freundschaften massvoll zu leben – auf jeden Fall innerhalb des Rahmens menschlicher Werte wie Respekt für den Partner / die Partnerin, Treue in jeglicher Hinsicht, Ehrlichkeit und weitere mehr. Je weniger diese Werte geachtet werden, desto mehr verdunkelt sich die Energie dieser Polarität, desto egoistischer wird «Freiheit» verstanden, bis zum schrankenlosen Ausleben jeglicher Eigeninteressen, auch in anderen Beziehungen.

Bindung als dunkle Polarität gelebt zeigt sich beispielsweise darin, dass man sich an den anderen klammert, ihn / sie eifersüchtig überwacht und ihm / ihr entsprechende Vorwürfe macht. Je lichtvoller die Bindungs-Energie gelebt wird, desto mehr gestaltet sich Bindung – zum Beispiel im Sinne des Eheversprechens – als verlässliche Partnerschaft, liebevoll dem anderen zugewandt und für ihn da.

Freiheit massvoll leben	sich binden
im Rahmen	als verlässliche/r
menschlicher Werte	Partner/in,
wie Respekt, Treue,	liebevoll und
Ehrlichkeit	zugewandt

egoistisches	sich an den anderen
Ausleben	klammern,
jeglicher	ihn / sie eifersüchtig
Eigeninteressen	überwachen

Vom Beispiel zum verallgemeinerten Modell: Die Erfahrung zeigt, dass sich die zwei Polaritäten eines Polaritätenpaares wie bei den «kommunizierenden Röhren» in der Physik stets **auf dem gleichen Energieniveau** manifestieren. Wenn sich das Niveau – der «Lichtgehalt» der einen Polarität – verändert, geschieht dasselbe in der korrespondierenden Polarität. Ein Polaritätenpaar (die Bewegung der Energie in der horizontalen Dimension) in seinem ganzen Spektrum von negativ bis positiv (die Bewegung der Energie in der vertikalen Dimension) kann somit als Viereck dargestellt werden, dessen Fläche all die verschiedenen energetischen Möglichkeiten abbildet: ein «**Energie-Viereck**».

Die Bewegung innerhalb eines Polaritätenpaares – die Veränderung beispielsweise der psychischen Energie eines Menschen von der einen in die anderer Polarität – gestaltet sich unterschiedlich, in Abhängigkeit vom Energieniveau. An einem vereinfachten Beispiel aufgezeigt: Das Leben eines bestimmten Menschen ist von grosser Gleichgültigkeit gekennzeichnet. Ihm ist – wie er sagt – so ziemlich alles egal. Manchmal jedoch verändert sich seine Stimmung in eine völlig gegensätzliche: nun wehrt er sich mit fast unglaublicher Sturheit gegen beispielsweise eine anstehende Neuerung. Er kippt also von einem Extrem ins andere: entweder – oder (und nichts dazwischen!).

Je mehr dieser Mensch nun lernt, sich positiveren Energien zu öffnen, desto weniger abrupt vollziehen sich die Veränderungen seiner Energie. Ihr einer Aspekt, die Fähigkeit, etwas zu lassen, die er im negativen Sinne als Gleichgültigkeit gelebt hatte, verwandelt sich langsam ins Positive, in Gelassenheit. Ebenso wandelt sich seine Sturheit, welche die Fähigkeit beinhaltet, bei etwas zu bleiben, allmählich in positive Beharrlichkeit. Er lernt immer besser, gelassen und beharrlich seinen Weg zu gehen; aus dem Gegeneinander ist ein Miteinander der Polaritäten entstanden, verbunden im fliessenden Gleichgewicht.

Gelassenheit	**Beharrlichkeit**
Gleichgültigkeit	**Sturheit**

Das Polaritätenpaar hat sich in seiner Energie gewandelt – von der dunklen Energie, welche nur entweder das eine oder das andere Extrem erlaubte, zur lichtvollen Energie, dem fliessenden Gleichgewicht der beiden Polaritäten. Die chinesische Weisheit des Qi Gong sagt:

> Wenn ich in Ruhe bin,
>
> bin ich in Bewegung;
>
> wenn ich in Bewegung bin,
>
> bin ich in Ruhe.

Wer in einem bestimmten Bereich sowohl die eine als auch die andere Polarität (und alle Kombinationsmöglichkeiten der beiden Polaritäten) leicht und locker leben kann demonstriert damit seine hohe Kompetenz in Bezug auf dieses Thema. Er hat den Zustand der – weiter oben angesprochenen – «guten Mitte» verwirklicht und gibt je nach Erfordernis der Situation zur rechten Zeit und im rechten Mass der entsprechenden (positiven) Polarität Raum.

Weshalb leben wir nicht jedes Polaritätenpaar auf diese lichtvolle Weise? Wir haben entweder die entsprechende polare Fähigkeit – im Beispiel das Lassen-Können beziehungsweise das Bei-etwas-Bleiben-Können – noch nicht genügend entwickelt, oder unser Ego bringt uns dazu, eine bestimmte Begabung, die uns eigen ist, im Übermass auszuleben. Ein Beispiel, welches bereits im Kapitel 2 im Zusammenhang mit dem Thema «Ego» angesprochen wurde: Jemand kann gut reden und kommt damit auch an. Er nutzt diese Fähigkeit und erntet Erfolg damit. Sein Ego packt die Chance, den eigenen Einflussbereich zu vergrössern und drängt ihn, diese Fähigkeit möglichst ausgiebig zu nutzen. So spricht er viel über «dieses und jenes» und wirkt dadurch geschwätzig. Er erntet immer weniger Erfolg, da er es versäumt, auch öfters mal zu schweigen.

Ein anderer kann gut schweigen. Weder steht er unter dem Zwang, zu «allem und jedem» etwas sagen zu müssen noch fällt er anderen ins Wort. Sein Schweigen wird dadurch als angenehm und positiv erlebt. Vielleicht hat er aber, indem er sein Schweigen pflegte, nicht gelernt, sich gewandt auszudrücken oder wenn nötig verbal zu intervenieren. So schweigt er selbst dann, wenn er reden sollte und verschweigt das, was zu sagen wichtig wäre.

Das Energie-Viereck dieser Kommunikationsformen, die ebenso das Verhalten eines einzigen Menschen beschreiben könnten gestaltet sich wie folgt:

(gutes)	(gutes)
Reden	Schweigen
Zerreden	Verschweigen

Diese Darstellung hat tiefe Wurzeln: In der altägyptischen Weisheit gab es, wie durch Elisabeth Haich (siehe Literaturverzeichnis; S. 205 ff.) dargestellt die Lehre von den «Zwillingseigenschaften» – Paare grundlegender menschlicher Eigenschaften. Jede von ihnen kann positiv oder negativ gelebt werden, woraus eine Konstellation von vier Begriffen – eine Vierheit – entsteht.

In der altgriechischen Weisheit wurde durch Aristoteles, inspiriert von Platon die «Mesotes»-Lehre, die Lehre der «Mitte» postuliert. Er zeigte auf, dass der positive Begriff der Tugend in der Mitte zwischen zwei negativen Begriffen, den Untugenden steht und erläuterte dies unter anderem am Beispiel der Tapferkeit, der «guten Mitte» zwischen Feigheit, die zu viel Angst und Tollkühnheit, die zu wenig Angst beinhaltet.

Die Mesotes-Lehre als Darstellung einer Dreiheit wurde im 20. Jahrhundert durch einzelne Vertreter der Psychologie wieder aufgenommen und weiterentwickelt. Nicolai Hartmann zum Beispiel befand, dass eine Tugend eigentlich eine Synthese von zwei positiven Werten darstelle – die Vierheit kündigt sich an. Paul Helwig scheint dann aus diesem Gedanken sein «Wertequadrat» gestaltet zu haben, welches wiederum vom Kommunikationswissenschaftler Friedemann Schulz von Thun aufgegriffen und zum «Werte- und Entwicklungsquadrat» ausgearbeitet wurde. Im Speziellen ergänzte er die Darstellung, in welcher vier Werte die Ecken eines Quadrates bilden mit den «Diagonalen der Entwicklung». Diese Erweiterung des Modells führt in die gleiche Richtung wie die hier besprochene allgemeine Vorgehensweise, mit Einseitigkeit umzugehen.

Im Unterschied zum «Werte- und Entwicklungsquadrat» betont das Energie-Viereck indes nicht so sehr die «Ecken», also die reinen Polaritäten in ihrer entweder positiven oder negativen Ausprägung sondern die Fläche des Vierecks und damit die Dynamik des Zusammenspiels der beiden Polaritäten in einem Gradienten von dunkel bis lichtvoll. Auch bleibt das Energie-Viereck nicht auf «Werte» beschränkt, sondern es lässt sich auf jedes Thema – jede «Energie» – anwenden.

Wie kann man das Energie-Viereck sinnvoll gebrauchen? Entscheidend ist, dass die involvierten Polaritäten präzise geklärt werden. Dann lässt es sich als Instrument für strategische Klarheit einsetzen; es hilft, die gute Richtung zu finden, um im Leben mehr Ausgewogenheit zu verwirklichen.

Jemand bezeichnet es als seine Schwäche, sich immer wieder von anderen ausnutzen zu lassen. Wenn er wahrnimmt, dass ein anderer mit einem Vorhaben Mühe hat, bietet er ihm sogleich seine Hilfe an. Er ist gerne bereit, Eigenes zurückzustellen, um für andere da zu sein – an sich eine wunderbare Charakter-Eigenschaft. Er bewertet seine Erlebnisse damit aber als problematisch, weil er sich oft

statt im guten Gefühl, anderen helfen zu können im Gefühl ausgenutzt zu werden wiederfindet.

Wenn er diese Erfahrung hin und wieder einem vertrauten Menschen erzählt, erhält er oft den Ratschlag: «Lass dich doch nicht so
ausnutzen; lass die doch ihre Sache selber machen!» Das ist gut
gemeint und leicht gesagt, doch er spürt, dass er helfen **will**, ja fast
zwanghaft zu helfen sucht; andernfalls würde er sich selbst als hart-
herzig, unmenschlich und kalt erleben.

Tiefer blickend erkennt man, dass er seine Hilfsbereitschaft so
ausgedehnt lebt, weil er es gerne tut und gut kann! Verallgemeinert
lässt sich eine Eigenschaft oder Verhaltensweise, die man als
Schwäche bezeichnet, somit als Stärke sehen, die man zu sehr
pflegt, die man übertreibt (siehe auch eine ausführliche Darstellung
dieses Aspektes in «Die 7 Lebens-Fragen», S. 160 ff.). Seine Gabe,
die sich im Spektrum von «anderen angemessen helfen» bis «anderen zu viel helfen» manifestiert, und die er zurzeit eher im negativen, im leidensvollen Bereich lebt, könnte man als die Fähigkeit
bezeichnen, die Not anderer Menschen zu lindern, für sie da zu
sein. Wie jede Gabe ist sie ein Geschenk des Lebens, das man mit
Mass und nicht im Übermass gebrauchen soll. Für jemanden hingegen, der mit Freude «Tag und Nacht» anderen dient und sich dabei
nicht ausgenutzt fühlt, ist das offensichtlich kein Lernthema und er
hat hier keinen Handlungsbedarf.

Weshalb bloss gerät dieser Mensch, den wir hier analysieren, mit
seiner wunderbaren Begabung immer wieder in den negativen Ge-
fühlszustand des Ausgenutzt-Werdens? Weil er nur die eine Polarität lebt und die andere vernachlässigt. In der polaren Welt, in der
wir leben, existiert zu jeder Energie eine ergänzende, eine polare
Energie. Wenn diese polare Energie ausgeblendet oder abgelehnt
wird, kann sich kein fliessendes Gleichgewicht zwischen beiden

Polaritäten einstellen, sondern die beiden Energien «degenerieren» je in immer dunklere Ausprägungen. Dabei differenzieren sie sich oft in eine wahrnehmbare, bewusst erlebte Polarität, welche offensichtlich Leiden bewirkt und eine verborgene unbewusste Polarität, welche mit dunklen Emotionen, zum Beispiel Angst assoziiert ist. Sie bewegen sich – wie in den bereits erwähnten «kommunizierenden Röhren» – im Gleichschritt in die Tiefe.

Genauso können sie sich indes auch ins Lichtvolle hochschaukeln, wenn das Positive der anderen Polarität bewusst gepflegt wird. Dazu muss diese lichtvolle Ausprägung der anderen Polarität zunächst bestimmt und dann aktiv angestrebt werden.

Es ist – um zum Beispiel zurückzukommen – nicht nur wichtig, auf andere zu schauen, ihre Not wahrzunehmen und für sie etwas tun zu wollen; es ist ebenso wichtig, auf sich selbst zu schauen und seine eigene Problematik zu erkennen. So kann man sich bewusst machen, wie sie sich im Kontakt mit anderen Menschen manifestiert und wie sie in eine heilende Richtung geführt werden kann. Dafür muss man sich zeitweise – liebevoll und respektvoll – von anderen abgrenzen und ihnen zumuten, dass sie ihren guten Weg selbst finden können. Dies steht unserem Protagonisten nun bevor: die ergänzende Polarität, die Fähigkeit, bei sich zu sein und zu bleiben als **positive** innere Einstellung einzuüben. Sie stellt für ihn die strategische Zielrichtung für sein Denken und Handeln in Bezug auf die besprochene Thematik dar.

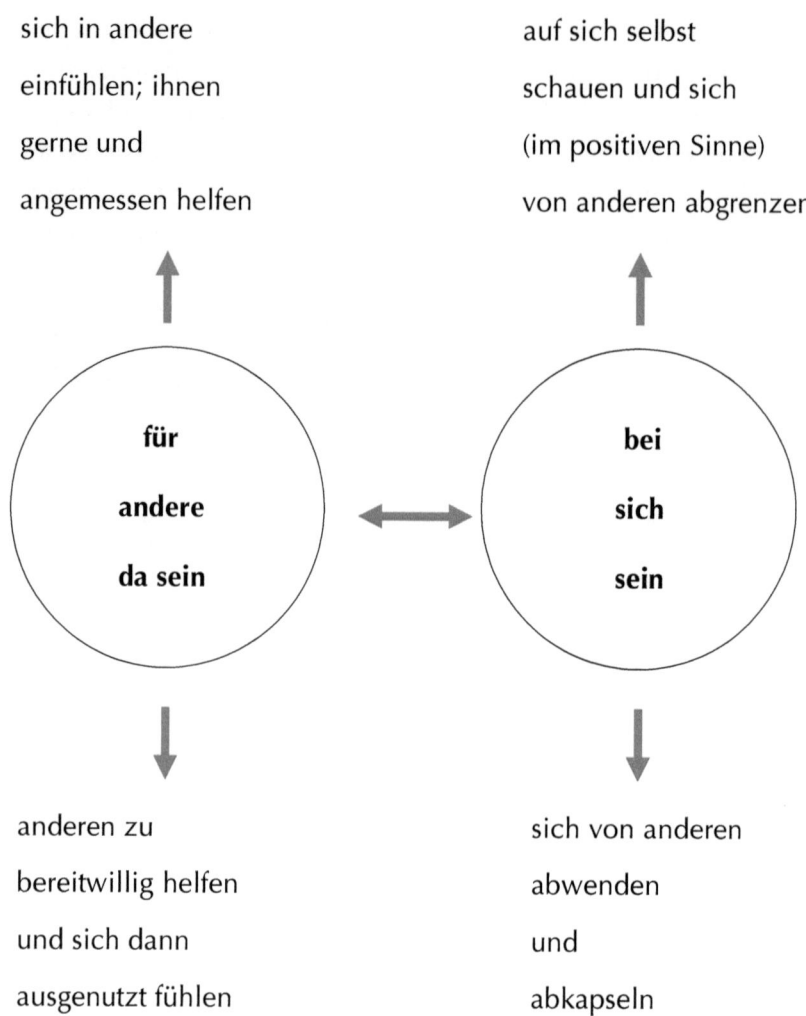

sich in andere
einfühlen; ihnen
gerne und
angemessen helfen

auf sich selbst
schauen und sich
(im positiven Sinne)
von anderen abgrenzen

für

andere

da sein

bei

sich

sein

anderen zu
bereitwillig helfen
und sich dann
ausgenutzt fühlen

sich von anderen
abwenden
und
abkapseln

Was hat ihn denn bisher gehindert, sich dieser zweiten Polarität zu öffnen? Weshalb strebt er die erste an, obwohl er da ein Wechselbad der Gefühle erlebt? Einerseits gibt er sich grosse Mühe, auf andere einzugehen, doch diese nutzen die angebotene Hilfe oft einfach aus; andererseits empört ihn das und er wendet sich frustriert von diesen «undankbaren» Menschen ab. Weshalb tut er sich das an? Er lebt die erste Polarität, weil er sie gut kennt. Die andere – in diesem Fall «bei sich sein» – ist für ihn ungewohnt. Er hat wenig Erfahrung darin, sich auf eine gute Art und Weise von anderen abzugrenzen; ja noch mehr: er hat Angst, als Egoist zu gelten, der sich von anderen abwendet und abkapselt. Das veranlasst ihn, auf die erste Polarität zu setzen und zu versuchen, in Bezug auf dieses Thema gewissermassen «auf einem Bein zu gehen», statt sich auch der zweiten Polarität freundlich zuzuwenden und sie sich zu Eigen zu machen. Seine Aufgabe besteht hier zunächst darin, der Angst in die Augen zu schauen und sie zu benennen.

Sich die – meist eher unbewusste – Angst bewusst zu machen ebnet den Weg zur Einsicht, dass sich die zweite Polarität ja wie die erste in einem Spektrum von positiv bis negativ entfaltet und somit nicht nur als dunkle Ausprägung («die Angst») sondern auch als lichtvolle Ausprägung («die polare Stärke») gelebt werden kann. Auf diese Weise wird die Fixierung auf die erste Polarität aufgelöst und man kann lernen, im «Tanz des Lebens» der zwei Polaritäten mitzutun und sich sogar daran zu freuen!

Der gekonnte Umgang mit dem Energie-Viereck ist für eine ausgewogene Lebensführung zentral; daher werden die Prinzipien hier nochmals dargestellt:

1) Man beginnt mit einem «unguten» Phänomen im eigenen Verhalten oder in der eigenen Psyche, welches man verändern will. Dieses Phänomen wird analysiert und mit einem treffenden Ausdruck benannt. Es stellt die Übertreibung, die dunkle Ausprägung der einen Polarität dar.

2) Davon ausgehend wird für diese Polarität – die eine Seite des Energie-Virecks – auf ihre lichtvolle Ausprägung geschlossen:

Welche gute, positive Qualität ist in diesem «unguten» Phänomen enthalten? Welche Stärke wird, wenn man sie übertreibt, zu dieser Schwäche? Wichtig dabei ist – es sei wiederholt –, nicht etwa das «Gegenteil» des «unguten» Phänomens zu suchen, sondern seine positive Ausprägung! Parallel dazu wird diese Polarität möglichst präzis benannt.

3) Basierend auf der lichtvollen Ausprägung der nun geklärten Polarität wird die ergänzende, die lichtvolle Ausprägung der anderen Polarität bestimmt. Daraus lässt sich auch das Prinzip der ganzen zweiten Polarität – die andere Seite des Energie-Vierecks – ableiten und als Fähigkeit beziehungsweise Verhaltensweise benennen.

4) Um das Zusammenspiel der involvierten Energien noch besser zu verstehen wird im letzten Schritt die dunkle Ausprägung der zweiten Polarität bestimmt – entweder aus dem bereits geklärten Prinzip dieser Polarität oder aus dem Wissen, dass die negative Ausprägung immer mit Übertreiben der positiven zu tun hat: Etwas wird zu sehr gemacht, zu sehr verfolgt. Die Formulierung der dunklen Energie der zweiten Polarität vervollständigt das Energie-Viereck.

Das Energie-Viereck eignet sich hervorragend für die Analyse eines Ungleichgewichts, sei es in der Psyche, im Verhalten, ja selbst in Systemen, denen man angehört. Mit seiner Hilfe kann geklärt werden, welche Energien involviert sind (die beiden Polaritäten) und welches strategische Ziel anzustreben ist (die lichtvolle Ausprägung der zweiten Polarität). Auf dem Weg zu diesem Ziel – in der Arbeit an sich selbst im eigenen Denken und Handeln – wird die Leiden verursachende Einseitigkeit schrittweise ausgeglichen, bis beide Polaritäten im fliessenden Übergang ihrer positiven Ausprägungen im Alltag gelebt werden und ihre negativen Ausprägungen keine Thema mehr sind. Die Gegensätze in uns sind versöhnt; wir bewegen uns unabhängig **und** mitfühlend durchs Leben, entspannt **und** energievoll, selbstsicher **und** demütig und weiteres mehr.

Ausgewogenheit zu erlangen ist eine in uns angelegte Entwicklungsrichtung, der man sich tendenziell eher in der zweiten Lebenshälfte zuwendet. Im Frühling und im Sommer des Lebens experimentierte man wahrscheinlich zeitweise mit dem Ausleben von Extremen und genoss das Ausweiten des eigenen Einflussbereiches oder man lernte, «gehaltene» Gleichgewichte zu pflegen – im Guten wie im Unguten. Nun erkennt man in der Reflexion dieser Lebenserfahrungen zunehmend auch den Wert des fliessenden Gleichgewichts, der Ausgewogenheit im Denken, Reden und Tun.

Als Menschen sind wir in unserem Handeln frei; wir können «tun, was wir wollen», denn wir verfügen über das Göttliche Geschenk des «Freien Willens». So steht es in unserer Macht, die Grenzen beispielsweise der Höflichkeit, des Respekts, der Legalität, der Ethik und weitere zu überschreiten – oder aber den Rahmen einzuhalten, der uns durch die menschlichen Werte, die Gesetze, das Gewissen gegeben ist.

Was bewegt uns denn, statt uns um Ausgewogenheit zu bemühen, diesen Rahmen zu missachten? Es sind die Wünsche des Egos, welche durch die Sinne angeregt werden. Sie ziehen uns da und dort hin und lassen uns keine Ruhe. Jedes Handeln hat allerdings Konsequenzen. Wenn etwas oder jemand dadurch geschädigt wird, schafft das negative Auswirkungen in der Zukunft – «negatives Karma».

So ist es essenziell, nicht nur das Ego abzubauen, sondern auch die Sinne und damit die durch sie geweckten Wünsche im Zaum zu halten: Man muss nicht möglichst vieles sehen, hören oder schmecken, vor allem nicht solches, was dunkle Energien in sich trägt. Man muss auch keine Orte aufsuchen, wo Dunkelheit herrscht. Wenn man dennoch mit Dunkelheit konfrontiert ist, visualisiert man Licht und tut sein Bestes, seine eigenen Energien lichtvoll zu lenken. So kann man Situationen und Konstellationen zum Guten beeinflussen – man schafft «positives Karma».

Krishna lehrte in der Gita (die Essenz der Upanishaden, welche wiederum die Essenz der Veden bilden), dass sogar noch ein weiterer Schritt – über «positives Karma schaffen» hinaus – möglich ist: Man schaut nicht mehr auf die Früchte seines Handelns, sondern reicht sein Handeln dem Göttlichen dar («Nishkaama Karma»). Das darf natürlich nicht dazu führen, passiv oder gleichgültig zu werden oder keine Verantwortung zu übernehmen; es bedeutet, dass man Gott als den Handelnden sieht und nicht sich selbst. Zur Gewohnheit geworden führt es zur Befreiung.

Ausgewogene Lebensführung bezieht auch die Tatsache der Vergänglichkeit mit ein. Gefühle, Gedanken, der menschliche Körper, Bauwerke und anderes mehr entstehen und vergehen. Während wir das schöne Wetter geniessen, braut sich bereits der nächste Sturm zusammen. «Freude ist nur das Intervall zwischen zwei Leiden .....» sagt eine Redewendung. Wer das nicht als ausgewogen empfindet, denke noch an den zweiten Teil dieser Lebensweisheit: «..... Leiden ist nur das Intervall zwischen zwei Freuden.» Freud und Leid, Licht und Dunkel – das Leben umfasst immer beide Polaritäten, und man kann lernen, sich elegant und flexibel in ihnen zu bewegen.

Je mehr man sich indes mit dem Göttlichen Selbst identifiziert, desto mehr verschwinden die Polaritäten. Im inneren Raum der Erkenntnis löst sich die Dualität auf: ins EINE LEBEN, welches durch Geburt und Tod, durch Diesseits und Jenseits unaufhaltsam weiterströmt; in die REINE FREUDE, die aus der inneren Ruhe von Menschen (und auch Tieren!) strahlt, aus allen, die mit sich in Frieden sind; ins INNERE LICHT, welches keinen Schatten kennt, da es aus dem Innersten heraus alles durchlichtet.

Friede sei mit dir.

Fragen zur Reflexion und Integration:
- Welche Aspekte meines Lebens empfinde ich als ausgewogen? Welche nicht?
- Neige ich eher zum «Halten» von Gleichgewichten oder zum Experimentieren mit Extremen? Kann ich diese meine Persönlichkeits-Struktur akzeptieren? Sehe ich auch eine Kehrseite?
- Welche Polaritätenpaare bestimmen mein Leben? Wie benenne ich die Energien ihrer Energie-Vierecke?
- Halte ich Frieden aus?

Ausklang

Samasta Lokah Sukhino Bhavantu

Mögen alle Wesen in allen Welten glücklich sein

*

Kyrie eleison

Herr erbarme dich

*

'Innad Diina 'indallaahil 'Islaam

Religion aus der Sicht Gottes ist Hingabe an ihn

*

OM mani peme hung

Grenzenloses Strahlen

*

Asato maa sad gamaya

Thamaso maa jyotir gamaya

Mrityor maa amritam gamaya

Führe uns vom Unwirklichen zur Wirklichkeit

Führe uns von der Dunkelheit zum Licht

Führe uns vom Tod zur Unsterblichkeit

*

schma jisrael adonai elohenu adonai echad

Höre, Israel, der Herr ist unser Gott, der Herr ist einzig

*

Dein Wille geschehe,

wie im Himmel,

so auf Erden

*

OM shanti shanti shanti

OM salam salam salam

OM schalom schalom schalom

OM Frieden Frieden Frieden

Literaturverzeichnis

Baba, Sathya Sai: Lehrreden publiziert in der Zeitschrift **«Sanathana Sarathi»**. Sri Sathya Sai Books and Publications Trust, Prasanthi Nilayam, Anantapur Dist., A.P., India.

Baba, Sathya Sai: **Sathya Sai Vahini**. Sri Sathya Sai Books and Publications Trust, Prasanthi Nilayam, Anantapur Dist., A.P., India.

Chresta, Gion: **Die 7 Lebens-Fragen**. Via Nova, Petersberg 2005.

Haich, Elisabeth: **Einweihung**. Drei Eichen, München und Engelberg 1984.

Halifax, Joan: **Being with Dying**. Shambhala, Boston 2009.

Krystal, Phyllis: **Die inneren Fesseln sprengen**. Walter, Olten 1989.

Lama, Dalai: **Der Weg zum sinnvollen Leben**. Herder, Freiburg im Breisgau 2011.

Longaker, Christine: **Dem Tod begegnen und Hoffnung finden**. Piper, München 2005.

Meurois-Givaudan, Anne und Daniel: **Stationen eines Abschieds**. Hugendubel, München 1995.

Ring, Thomas: **Astrologische Menschenkunde I**. Hermann Bauer, Freiburg im Breisgau 1981.

Rinpoche, Sogyal: **Das tibetische Buch vom Leben und vom Sterben**. O. W. Barth, Frankfurt am Main 2004.

Stepski-Doliwa, Stephan von: **Sai Baba spricht über Beziehungen**. Govinda Sai, Grafrath bei München 1995.

Stepski-Doliwa, Stephan von: **Sai Baba spricht zum Westen**. Govinda Sai, Weil 2002.